中阿合作论坛
二十周年大事记

中阿改革发展研究中心　编

世界知识出版社
北京・2024

图书在版编目（CIP）数据

中阿合作论坛二十周年大事记：汉文、阿拉伯文 / 中阿改革发展研究中心编. —北京：世界知识出版社，2024.5

ISBN 978-7-5012-6780-4

Ⅰ.①中… Ⅱ.①中… Ⅲ.①中外关系—阿拉伯国家—国际会议—汉、阿 Ⅳ.①D822.319.18

中国国家版本馆CIP数据核字（2024）第097036号

书　　名	**中阿合作论坛二十周年大事记**
	Zhong'a Hezuo Luntan Ershi Zhounian Dashiji

编　　者	中阿改革发展研究中心
责任编辑	刘　喆
责任出版	赵　玥
责任校对	张　琨
封面设计	刘　凌
出版发行	世界知识出版社
地址邮编	北京市东城区干面胡同51号（100010）
网　　址	www.ishizhi.cn
电　　话	010-65233645（市场部）
经　　销	新华书店
印　　刷	北京虎彩文化传播有限公司
开本印张	710mm×1000mm　1/16　11⅝印张
字　　数	169千字
版次印次	2024年5月第一版　2024年5月第一次印刷
标准书号	ISBN 978-7-5012-6780-4
定　　价	60.00元

前　言

中国—阿拉伯国家合作论坛是推动中阿关系发展的重要平台，也是南南合作、跨区域合作的成功典范。论坛成立二十年来，特别是新时代这十年多来，中阿关系长足发展，大步向前，合作领域全面展开，论坛框架下的合作机制已达十九项，包括中阿关系和文明对话、改革发展、智库交流、经贸、能源、科技、航天、人文、妇女、卫生、广播电视、新闻、青年等广泛领域。中阿共建"一带一路"成果斐然，中阿命运共同体通过双方战略愿景的有效对接转化为一系列丰硕的实践。

2022年底召开的首届中国—阿拉伯国家峰会，赓续了中阿传统友谊，促进了地区和平发展。更重要的是，这次元首外交引领中阿关系进入全力构建中阿命运共同体的新时代。习近平主席阐释了"守望相助、平等互利、包容互鉴"的中阿友好精神。守望相助是中阿友好的鲜明特征，平等互利是中阿友好的不竭动力，包容互鉴是中阿友好的价值取向。

首届中阿峰会召开一年多来，中阿双方秉持中阿友好精神，朝着全力构建面向新时代的中阿命运共同体不断迈进，全面落实习近平主席提出的中阿务实合作"八大共同行动"，积极加强中阿合作论坛建设，双方各领域务实合作交出亮丽成绩单。在变乱交织的复杂国际环境里，中国与阿拉伯国家团结合作，双向奔赴，为世界注入更多稳定性和正能量。中阿两大民族志同道合，必将继续携手共进，共渡风雨，共迎挑战，共建繁荣，共创世界美好未来。

2024年，中阿合作论坛第十届部长级会议将在中国举办，这是首届中阿峰会后论坛举行的首次部长会，是落实元首外交成果的重要主场外交活动。为更好地总结中阿合作论坛成立二十年，尤其是新时代以来论坛建设的成功经验，展现在习近平新时代中国特色社会主义思想，特别是习近平外交思想科学指引下中阿集体合作成果，中阿改革发展研究中心组织编写《中阿合作论坛二十周年大事记》。

本书由王广大教授统筹编辑。陈越洋副教授、谭旻助理研究员负责编写工作，郭子建教授、汪倩助理研究员负责阿拉伯文版翻译审校工作。本书的撰写得到了中华人民共和国外交部西亚北非司的大力支持和全面指导，世界知识出版社在本书出版期间给予了悉心帮助，谨此致谢！

王广大

中阿改革发展研究中心理事会秘书长

上海外国语大学教授

2024年3月12日

目　录

2004 年

1月30日，中国国家主席胡锦涛访问阿拉伯国家联盟（以下简称"阿盟"）总部，会见阿盟秘书长穆萨和阿盟22个成员国代表，并就中阿合作提出四项原则：**一是以相互尊重为基础，增进政治关系；二是以共同发展为目标，密切经贸往来；三是以相互借鉴为内容，扩大文化交流；四是以维护世界和平、促进共同发展为宗旨，加强在国际事务中的合作。阿盟完全同意胡锦涛主席关于在四个方面加强阿中合作的建议，这将是指导双方关系发展的重要原则。***

会见后，中国外交部长李肇星与阿盟秘书长穆萨在阿盟总部宣布，中国和阿拉伯国家决定自即日起成立"中国—阿拉伯国家合作论坛"（以下简称"中阿合作论坛"），并发表《关于成立"中国—阿拉伯国家合作论坛"的公报》。中阿合作论坛的成立为中阿双方在平等互利基础上进行对话与合作提供了一个新的平台，使中阿关系的内涵进一步丰富，并巩固和拓展双方在政治、经贸、科技、文化、教育、卫生等诸多领域的互利合作，全面提升合作水平。

9月13日，中国外交部部长助理吕国增与阿盟负责政治事务的副秘书长萨拉赫及阿盟成员国代表举行中阿合作论坛首次高

---

*　加黑部分为元首外交内容，全书同。

官会。

9月14日，中阿合作论坛首届部长级会议在埃及开罗举行，标志着中阿合作论坛正式启动。中国外交部长李肇星与阿盟外长理事会轮值主席、毛里塔尼亚外交与合作部长贝拉勒及阿盟秘书长穆萨分别致辞。阿盟22个成员国的外长或代表与会。中阿双方就"如何进一步发展新时期中阿关系""如何建设好论坛""论坛下一步行动"进行讨论。会议通过《中国—阿拉伯国家合作论坛宣言》《中国—阿拉伯国家合作论坛行动计划》等2份成果文件，会后发表新闻公报。

2005 年

4月12日至13日，中阿合作论坛框架内首届企业家大会在北京举行。中国外交部、阿盟经社理事会、阿拉伯国家经贸部门、中阿工商会的官员和企业家代表共约1000人与会。大会主题为"中阿经贸关系的现状和前景"及"促进双方相互投资"。

6月14日至15日，中阿合作论坛第二次高官会在北京举行。中国外交部部长助理李辉出席会议并就论坛建设思路发表讲话，中国外交部西亚北非司司长翟隽主持会议并代表中方就论坛工作作主旨发言。中国国家发展和改革委员会、财政部、商务部等部门代表和22个阿拉伯国家外交部主管对华关系的高级别官员、阿盟秘书处官员及全体阿拉伯国家驻华使节与会。双方就中阿合作论坛建设、中阿重点合作领域等议题进行深入讨论，就联合国改革问题举行磋商，并通过《会议纪要》。

10月，中国任命驻埃及大使兼任驻阿盟全权代表。

12月12日至13日，中阿合作论坛框架内首届中阿关系暨中阿文明对话研讨会在北京举行。中国和17个阿拉伯国家及阿盟的专家学者共约60人与会。会议就中阿关系前景和中阿文明对话两个议题进行深入讨论，并通过《总结报告》。13日，中国国务委员唐家璇在北京中南海紫光阁会见出席研讨会的阿拉伯国家代表。唐家璇表示，中国尊重世界文明的多样性，不同文明应相互尊重，平等相待。唐家璇指出，中国重视发展同阿拉伯国家的友好合作关系，互信、互助、互利是50年来中阿关系的宝贵经验，举办此次研讨会符合中阿关系发展的需要，具有重要意义。

2006年

5月29日，中阿合作论坛第三次高官会在北京举行。中国外交部部长助理何亚非会见与会阿方代表。中国外交部西亚北非司司长翟隽和阿盟外长理事会轮值主席国阿联酋常驻阿盟代表艾哈迈德以及阿盟副秘书长本·哈里共同主持会议。中国国家发展和改革委员会、商务部、文化部等部门代表和22个阿拉伯国家的高级别官员、阿盟秘书处官员以及全体阿拉伯国家驻华使节共约100人与会。中阿双方就中阿合作论坛建设和第二届部长级会议筹备工作进行深入讨论，并就中东和平进程举行政治磋商。

5月31日至6月1日，中阿合作论坛第二届部长级会议在北京举行。5月31日，中国国家主席胡锦涛在北京人民大会堂集体会见出席会议的阿拉伯国家代表，并就进一步发展中阿友好合作关系提出四点主张：一是加强政治合作，巩固和发展中阿政治关系的基础；二是加强经济合作，实现互利共赢；三是加强文化合作，弘扬传统友谊；四是加强国际合作，促进和平稳定。

中国国务委员唐家璇出席会议开幕式并发表重要讲话，中国外交部长李肇星和阿盟外长理事会轮值主席、阿联酋外交事务国务部长穆罕默德及阿盟秘书长穆萨共同主持会议。中国国家发展和改革委员会、财政部等部门代表及21个阿拉伯国家的外长或外长代表约200人与会。会议决定继续建设平等、全面合作的新型伙伴关系。会后，中阿双方共同签署《中国—阿拉伯国家合作论坛第二届部长级会议公报》《中国—阿拉伯国家合作论坛2006年至2008年行动执行计划》《中华人民共和国政府和阿拉伯国家联盟环境保护合作联合公报》《关于建立中国—阿拉伯国家合作论坛企业家大会合作机制的谅解备忘录》。

6月23日至7月13日，中阿合作论坛框架内首届阿拉伯艺术节先后在北京主会场和江苏南京分会场举行。16个阿拉伯国家政府文化代表团和阿盟高级文化代表团共51人及250名阿拉伯艺术家参加艺术节相关活动。

11月28日至29日，中阿合作论坛框架内首届中阿友好大会在苏丹喀土穆举行。中阿友协代表团一行35人参会，22个阿拉伯国家对华友好组织的负责人及阿盟代表团共50余人与会。会议通过《中阿民间友好宣言》，决定成立总部在喀土穆的阿拉伯—中国友好协会联合会（以下简称"阿中友联"）。

2007 年

6月18日至19日，中阿合作论坛第二届企业家大会在约旦安曼举行。会议以"深化合作，共享繁荣"为主题，中国和16个阿拉伯国家的约1000名企业家与会。会议就中阿合作前景、约旦商机和投资环境、中阿信息技术与高科技合作、中阿旅游合作、中阿建筑与工程承包合作等5个议题进行深入探讨。会议发表《安曼宣言》。

7月4日至5日，中阿合作论坛第四次高官会在埃及开罗阿盟总部举行。中国外交部西亚北非司司长宋爱国率中方代表团与会，中国国家发展和改革委员会、商务部、文化部等部门代表参会。阿盟主管政治事务的副秘书长本·哈里、主管经济事务的副秘书长图维基里和阿拉伯教科文组织、阿中友联、阿拉伯石油输出国组织、阿盟秘书处等国际组织官员及阿盟22个成员国代表、阿拉伯国家驻华使团团长等与会。会议评估了第二届部长级会议以来的论坛工作，讨论了论坛下一年度的活动计划，就2008年在巴林召开第三届部长级会议筹备工作交换意见，并就共同关心的地区和国际问题举行政治磋商。会议通过《成果文件》。

12月1日至3日，第二届中阿关系暨中阿文明对话研讨会在沙特利雅得举行。中国外交部、文化部、对外友协的代表和10余家高校、研究机构的专家学者以及阿盟副秘书长本·哈里、22个阿拉伯国家的代表等共70余人与会。中阿双方就"发展中阿文化关系""发挥中阿文明在应对全球化挑战中的作用"以及"加强两大文明间的相互理解"等议题深入研讨,并提出了加强中阿文化、教育、新闻、翻译、出版等领域合作的具体建议。会议通过《最终报告》。

2008 年

1月9日至11日，中阿合作论坛框架内首届中阿能源合作大会在海南三亚举行。大会主题为"探讨中阿能源合作的前景和途径"，中国国家发展和改革委员会、外交部、商务部和20多家中国主要能源企业代表，15个阿拉伯国家能源主管部门负责人，阿盟秘书处、阿拉伯石油输出国组织、阿拉伯原子能机构及有关能源企业代表共130余人与会。会议签署《第一届中国—阿拉伯能源合作大会联合声明》。

4月至6月，中阿合作论坛框架内首届中国艺术节在叙利亚大马士革举行。本届艺术节是继2006年在中国举办的首届阿拉伯艺术节后，在中阿合作论坛框架内举办的又一重要文化活动，标志着中阿互办艺术节机制的正式启动。

4月23日至24日，中阿合作论坛框架内首届中阿新闻合作论坛在北京举行。论坛主题为"加强媒体合作，促进中阿友谊"，中国和阿盟22个成员国政府有关部门代表、主要媒体负责人和专家学者共约150人与会。中阿双方围绕"共迎2008北京奥运，加强中阿媒体合作""中阿媒体合作现状与未来展望""加强务实合作，增进媒体在促进中阿关系中的重要作用"等议题进行深入探讨，发表《中阿新闻合作论坛公报》，并签署《中国与阿盟成员国新闻友好合作交流谅解备忘录》。

5月20日，中阿合作论坛第五次高官会在巴林麦纳麦举行。

中国外交部部长助理翟隽与巴林外交大臣顾问沙克尔、阿盟副秘书长本·哈里共同主持会议。会议评估了第二届部长级会议成果文件的落实情况，审议并通过第三届部长级会议日程及成果文件，并就中东地区热点问题进行集体政治磋商。

5月21日至22日，中阿合作论坛第三届部长级会议在巴林麦纳麦举行。巴林副首相穆巴拉克、中国外交部长杨洁篪、阿盟秘书长穆萨以及22个阿拉伯国家的部长或部长代表共约200人与会。中阿双方就建立面向和平和可持续发展的中阿新型伙伴关系进行深入讨论。会议通过《中国—阿拉伯国家合作论坛第三届部长级会议公报》《中国—阿拉伯国家合作论坛2008年至2010年行动执行计划》《中华人民共和国政府和阿拉伯国家联盟环境保护合作联合公报》《阿拉伯国家联盟秘书处与中国国际贸易促进委员会关于投资研讨会机制的谅解备忘录》等4份成果文件。中阿双方一致同意加快中国与海湾阿拉伯国家合作委员会自贸区（以下简称"中国—海合会自贸区"）谈判进程。

10月27日至31日，第二届中阿友好大会在叙利亚大马士革举行。中阿友好代表团、阿盟和18个阿拉伯国家对华民间友好组织的代表共约400人与会。大会就"中阿民间友好关系发展前景""如何提升各阿拉伯国家对华民间友好组织在本国地位"等议题进行深入讨论。会议通过《阿拉伯—中国友好协会联合会章程》，成立"友好大会后续行动委员会"，通过《2008—2010年中阿民间行动计划》及《新闻公报》。

2009 年

4月21日至22日，中阿合作论坛第三届企业家大会暨首届投资研讨会在浙江杭州举行。大会主题为"迎接挑战、互利共赢"，中阿双方政府官员和企业家共1000余人与会。会议期间还举行了120多场中阿对口洽谈会，达成合同意向金额5亿元人民币。会议签署《会议纪要》。

5月11日至12日，第三届中阿关系暨中阿文明对话研讨会在突尼斯首都突尼斯市举行。中国外交部、文化部、新闻出版总署等部门代表及15个阿拉伯国家和阿盟的官员、专家学者共约80人与会。研讨会就"阿拉伯文化中的中国和中国文化中的阿拉伯人""中阿文化中人与自然的共同价值观"等议题进行深入讨论，并通过《成果文件》。

6月23日至24日，中阿合作论坛第六次高官会在北京举行。中国外交部部长助理翟隽在会议开幕式上致辞。中国教育部、商务部等部门和阿盟22个成员国外交部及阿盟秘书处负责中阿关系和论坛事务的高级别官员与会。会议评估了第三届部长级会议《成果文件》落实情况，就共同关心的国际和地区问题、中阿合作论坛第四届部长级会议筹备等议题深入交换意见，并通过《成果文件》。会议期间，中阿合作论坛网站正式开通，中阿双方共同设计的论坛永久性标志正式启用。

11月7日，中国国务院总理温家宝访问阿盟总部，会见阿盟秘书长穆萨，并发表题为《尊重文明的多样性》的重要演讲。阿盟22个成员国代表与阿盟秘书处和各理事会高级别官员、各国驻埃使节及埃及各界知名人士400余人出席演讲会。温家宝表示，中阿友谊源远流长。中国人民视阿拉伯人民为好朋友、好伙伴、好兄弟。中华文明和伊斯兰文明都是人类文明的瑰宝，都对人类社会的进步和发展有着不可磨灭的贡献，推动了东西方文明的交流。文明存在差异，但没有优劣之分。在多样中求同一，在差异中求和谐，在交流中求发展，是人类社会应有的文明观。拥有13亿人口的中国同拥有数亿人口的阿拉伯世界，都肩负着让古老文明焕发青春的神圣使命。中阿要携起手来，把双方的友好合作推向新阶段。

2010年

　　1月26日至28日，第二届中阿能源合作大会在苏丹喀土穆举行。中国和阿拉伯国家有关部门官员、企业界代表以及阿盟官员与会。中阿双方就石油、天然气、石化产业、电力、核能和可再生能源发展等议题进行深入讨论。中阿双方共同签署《中国国家能源局和阿拉伯国家联盟关于中阿能源合作机制的谅解备忘录》《第二届中阿能源合作大会闭幕公报》。

　　5月6日至7日，第二届中阿新闻合作论坛在巴林麦纳麦举行。中国和阿盟20个成员国的政府新闻主管部门、新闻机构及阿盟秘书处的约100名代表与会。中阿双方就新闻合作现状、利用媒体发展中阿关系、新闻自由交流、新技术利用、中阿新闻经验等议题进行深入讨论，通过并发表《第二届中阿新闻合作论坛联合公报》。

　　5月11日，中阿合作论坛第七次高官会在北京举行。中国外交部副部长翟隽出席会议并讲话。中国和阿拉伯各国外交部、阿盟秘书处主管中阿关系和论坛事务的高级别官员及阿拉伯国家驻华使节与会。中阿双方回顾了第六次高官会以来论坛开展的各项活动，就即将在第四届部长级会议上签署的成果文件进行深入讨论，并就共同关心的国际和地区问题举行政治磋商，达成广泛共识。

　　5月13日至14日，中阿合作论坛第四届部长级会议在天津举行。5月13日下午，中国国务院总理温家宝出席会议开幕式并发表题为《深化全面合作　实现共同发展》的重要演讲。中国和22个阿拉伯国家的部长或代表以及阿盟秘书长穆萨等约300人与会。会议通过《中国—阿拉伯国家合作论坛关于中阿双方建立战略合作关系的天津宣言》《中国—阿拉伯国家合作论坛第四届部长级会议公报》《中国—阿拉伯国家合作论坛2010年至2012年行动执行计划》等3份成果文件。中阿双方一致同意在中阿合作论坛框架内建立全面合作、共同发展的中阿战略合作关系。

5月14日，中国国家主席胡锦涛在北京集体会见来华参加中阿合作论坛第四届部长级会议的阿拉伯国家代表。胡锦涛高度评价中阿关系，祝贺阿盟成立65周年和中阿合作论坛第四届部长级会议取得成功。胡锦涛表示，中方愿与阿方从以下三个方面共同努力，着力推进中阿战略合作关系：一是增进政治互信，深化国际合作；二是坚持互利互惠，扩大经贸合作；三是秉承传统友谊，加强人文合作。胡锦涛表示，中方愿与阿方一道，继续办好"中阿合作论坛"，推动中国同阿拉伯国家总体关系和双边关系更好地发展，努力开创中阿战略合作关系的新局面。

会议阿方主席、利比亚外交部长库萨和阿盟秘书长穆萨完全赞成胡锦涛主席关于推进中阿战略合作关系的重要意见，表示在中阿合作论坛第四届部长级会议上，双方共商战略合作大计，达成重要共识，会议取得成功。中国是阿拉伯世界的战略合作伙伴，双方在经贸、人文等各领域务实合作不断发展，建立起牢固的、充满活力的伙伴关系。中方坚定支持中东和平进程，在促进地区和平安全方面发挥着日益重要的作用。阿方坚持一个中国政策，支持中国和平统一大业。在新形势下，阿方愿同中方共同努力，进一步加强协调合作，继续推进中阿合作论坛建设，使阿中战略合作关系成为国与国关系的典范。

6月18日至25日，第二届阿拉伯艺术节在北京和上海两地举行。艺术节主题为"艺术交流、文明对话"，包括中阿文化论坛、阿拉伯艺术团联合演出和阿拉伯艺术展等三大板块，中国和14个阿拉伯国家的300余名演员参加联合演出。

10月23日至26日，第三届中阿友好大会在利比亚的黎波里举行。大会主题为"共创中阿友谊的美好未来"，中阿友好代表团、阿盟、阿中友联及10个阿拉伯国家对华民间友好组织的代表与会。大会从民间角度就中阿各领域合作的方式和途径交换意见，通过《新闻公报》和《2010—2012年中阿民间行动计划》。

2011年

5月22日至23日，中阿合作论坛第八次高官会在卡塔尔多哈举行。会议由论坛中方秘书处秘书长、中国外交部西亚北非司司长陈晓东和卡塔尔代表团团长、助理外交大臣布埃宁共同主持。中国外交部、商务部、文化部等部门代表和17个阿拉伯国家外交部以及阿盟秘书处、阿拉伯农业发展组织、阿拉伯国家驻华使节委员会的官员与会。会议回顾了《中国—阿拉伯国家合作论坛2010年至2012年行动执行计划》有关活动执行情况，讨论了论坛机制发展举措与前景，就共同关心的国际和地区问题举行政治磋商，并就将于2012年在突尼斯举行的第五届部长级会议筹备工作交换意见。会议通过《成果文件》。

9月20日至24日，中阿合作论坛框架内首届中阿广播电视合作论坛在宁夏银川举办。论坛主题为"交流合作　共同发展"，中国、埃及、约旦、沙特等13个国家和阿盟、阿拉伯国家广播联盟等国际组织的80余位代表与会。论坛就"中国与阿拉伯国家广播电视政策""中国与阿拉伯国家广播电视交流合作""广播电视数字化进程""媒体责任"等4个专题进行深入讨论。论坛发表《中国—阿拉伯国家广播电视合作论坛银川宣言》。

9月26日，中国外交部长杨洁篪在美国纽约联合国总部会见阿盟秘书长阿拉比。杨洁篪表示，近年来中阿战略合作取得长足进展，双方关系步入新阶段。中方希望进一步充实双方战略合作，加强"中阿合作论坛"建设。中方高度重视阿盟在稳定西亚北非地区局势中的重要作用，愿与阿盟共同努力，促进西亚北非地区的和平、稳定与发展。阿拉比表示，中阿战略伙伴关系发展良好，双方目标一致，相互协调密切。阿方赞赏中方始终支持阿拉伯国家的正义事业，愿继续加强双方在国际和地区事务及"中阿合作论坛"中的合作。关于巴勒斯坦问题，杨洁篪表示，中方始终认为独立建国是巴勒斯坦人民不可剥夺的合法权利，支持在1967年战前边界线基础上，建立以东耶路撒冷为首都、拥有完全主权、独立的巴勒斯坦国。阿拉比对中方支持巴方的正当要求表示赞赏。

12月27日至28日，第四届中阿关系暨中阿文明对话研讨会在阿联酋阿布扎比举行。中国外交部、文化部等部门代表和相关研究机构、高校的专家学者以及18个阿拉伯国家和阿盟的代表共约100人与会。会议就"中阿文明的共同价值""历史上和当代为推进中阿文明相互了解和对话的中阿重要人物""文明对话及其在促进中阿战略合作关系方面发挥的作用""中国的伊斯兰文化及其在促进相互了解、中阿文明与文化对话方面的重要性""中阿媒体在加深相互了解和丰富中阿文明对话方面的作用"等议题进行深入对话和讨论。会议通过《最终报告》。

2012 年

1月18日，中阿合作论坛第四届企业家大会暨第二届投资研讨会在阿联酋沙迦举行。中国国务院总理温家宝出席会议开幕式并发表题为《共创中阿合作的美好未来》的主旨演讲。温家宝表示，中阿关系中最久远、最活跃的是经贸合作，这是连接中阿人民的重要纽带，给两国人民带来了实实在在的利益，增进了中阿人民的福祉。中阿经贸合作越发展，双方的关系就越紧密，人民之间的传统友谊就越牢固。深化中阿经贸合作的一个重大举措，就是建设中国—海合会自贸区。这项工作对中阿关系发展具有里程碑式的重大意义。双方要拿出更大的政治意愿，尽快结束谈判并签署自贸区协定。我们应该以更加包容的心态、更加宽广的胸怀，求同存异，消除偏见，合理化解纷争，加强互利合作，共同呵护和平，努力缔造一个幸福安宁、和谐稳定的世界。中国国际贸易促进委员会、沙迦工商会、阿盟等有关官员和企业家代表出席会议开幕式。

3月25日至31日，第二届中国艺术节在巴林麦纳麦举行。中国文化部、巴林外交部、在巴中资企业、华侨华人和留学生代表等共700余人出席开幕式。

4月24日至25日，第三届中阿新闻合作论坛在广东广州举行。论坛主题为"加强媒体合作，推动中阿经贸关系发展"，中国和阿盟成员国新闻官员、阿盟秘书处官员、主要媒体负责人及相关专家、企业代表共100余人与会。论坛就"媒体在促进经贸关系中的作用""如何利用新媒体技术推动经贸合作"等议题进行深入探讨。论坛发表《第三届中国—阿拉伯国家新闻合作论坛公报》。

5月4日至9日，阿盟秘书长阿拉比访问中国。5月8日上午，中国外交部长杨洁篪在北京同阿拉比举行会谈。杨洁篪赞赏阿盟在促进世界和地区和平与稳定方面发挥的积极作用，感谢阿拉伯国家和阿盟在涉及中国核心利益和重大关切问题上给予的坚定支持，强调中国政府高度重视发展同阿拉伯国家和阿盟的友好关系，坚定支持阿拉伯民族正义事业，支持阿拉伯国家探索符合本国国情的发展道路，积极促进中东地区的和平与发展。阿拉比感谢中方长期以来对阿拉伯民族正义事业的宝贵支持，表示中阿友谊基础深厚，各领域合作成果丰硕，前景广阔。阿方高度重视发展对华关系，愿与中方一道，共同开创中阿关系的美好未来。双方还就中阿合作论坛第五届部长级会议筹备工作、西亚北非地区局势等深入交换意见。

5月8日，中国国家副主席习近平在北京人民大会堂会见阿盟秘书长阿拉比。习近平表示，阿盟是重要的区域性组织，在中东地区事务中一直发挥着独特影响。当前形势下，阿盟的作用更加重要。阿盟致力于发展中阿集体合作，近年来多次通过有关加强对华关系的决议，在涉及中国核心利益和重大关切问题上给予我们宝贵支持，中方对此高度赞赏。中国也长期坚定支持阿拉伯国家争取恢复合法民族权利的正义事业，支持阿拉伯国家联合自强，期待阿盟更好地在阿拉伯世界中发挥促进中阿友好的"领头羊"作用。

习近平表示，进入新世纪，中阿集体对话与合作日益深入，中阿合作论坛建设不断推进。在当前形势下，进一步深化中阿战略合作关系，对于构建持久和平、共同繁荣的和谐世界，促进中东地区的和平与稳定具有重大意义。双方应进一步增进政治互信，深化战略合作；坚持互利互惠，拓展务实合作；扩大人文交流，促进文明对话；加强中阿合作论坛机制化、正规化建设，加强论坛对中阿关系发展的引领作用。中国政府高度重视即将召开的中阿合作论坛第五届部长级会议，希望双方以此次会议为契机，推动中阿战略合作关系迈上一个新台阶。

阿拉比表示，阿方高度重视对华关系，认为与中国保持长期紧密的关系符合阿拉伯国家利益，有利于本地区的和平、稳定与发展。阿方感谢中国作为安理会常任理事国长期以来对阿拉伯国家正义事业的支持，高度评价中国在国际和中东地区事务中发挥的积极作用，认为中国是世界大国中真正支持发展中国家正义诉求的国家。阿拉比表示，阿中合作论坛成立以来取得巨大成功，阿方愿与中方共同努力，开好即将召开的阿中合作论坛部长级会议，使阿中战略合作关系适应新的形势，不断取得新的发展。双方还就西亚北非地区局势交换意见。

5月29日至30日，中阿合作论坛第九次高官会在突尼斯哈马迈特举行。中国外交部副部长翟隽及来自阿拉伯各国外交部、阿盟秘书处的高级别官员与会。双方回顾了第四届部长级会议以来论坛开展的各项机制性活动情况，就第五届部长级会议相关准备工作交换了意见，双方还就共同关心的国际和地区问题举行了政治磋商，并达成广泛共识。

5月31日，中阿合作论坛第五届部长级会议在突尼斯哈马迈特举行。会议主题是"深化战略合作，促进共同发展"，突尼斯总统马尔祖基和外交部长阿卜杜赛拉姆、中国外交部长杨洁篪、阿盟秘书长阿拉比以及20个阿拉伯国家的部长及部长代表与会。中阿双方就共同关心的重大国际和地区问题交换看法，共同回顾过去两年中阿合作取得的丰硕成果，讨论加强论坛建设的途径，并达成多项共识。会议通过《中国—阿拉伯国家合作论坛第五届部长级会议公报》《中国—阿拉伯国家合作论坛2012年至2014年行动执行计划》等2份成果文件，双方就在涉及彼此核心利益问题上相互支持、打击索马里海域海盗，以及能源、环保、防治荒漠化、农业、旅游、人力资源、文明对话、教育、科技、卫生、新闻、体育等方面深入交换意见，达成重要共识。

9月13日至14日，第四届中阿友好大会在宁夏银川举行。大会主题为"以友谊促合作，以交流谋发展"，20多个阿拉伯国家及阿盟的代表与会。会议评估了《2010—2012年中阿民间行动计划》执行情况，讨论通过《新闻公报》和《2012—2014年中阿民间行动计划》。

9月16日至17日，第三届中阿能源合作大会在宁夏银川举行。中国国家能源局、外交部和阿盟秘书处、阿拉伯石油输出国组织、阿盟成员国能源主管部门及有关能源企业代表出席开幕式。中阿双方就"中阿能源合作的前景和加强能源合作的途径""可再生能源合作""加强石油、天然气和电力行业合作"等议题广泛交换意见。会议通过《联合声明》。

2013 年

5月29日，中阿合作论坛第十次高官会在北京举行。中国外交部副部长翟隽出席会议开幕式并作主旨讲话。会议由论坛中方秘书处秘书长、中国外交部西亚北非司司长陈晓东和阿盟外长理事会轮值主席国埃及代表团团长、埃及外交部部长助理兼常驻阿盟代表阿姆鲁共同主持。中国外交部、教育部、工业和信息化部等部门代表，阿盟副秘书长本·哈里，阿拉伯各国外交部、阿盟秘书处主管中阿关系和论坛事务的官员及阿拉伯国家驻华使节与会。会议评估了第五届部长级会议成果文件落实情况，确定了下阶段落实《中国—阿拉伯国家合作论坛2012年至2014年行动执行计划》的重点领域和步骤，深入探讨2014年即将在中国举行的第六届部长级会议及中阿合作论坛成立10周年庆祝活动相关筹备工作，并就共同关心的国际和地区问题进行政治磋商，达成广泛共识。会议通过《成果文件》。

5月30日，中国外交部长王毅集体会见来华出席中阿合作论坛第十次高官会的阿拉伯各国及阿盟代表团团长。王毅祝贺中阿合作论坛第十次高官会成功召开，强调中国新一届政府高度重视同阿拉伯国家的友好合作关系，愿以中阿合作论坛成立10周年和在华举办第六届部长级会议为契机，与阿方共同努力，将中阿合作论坛打造成新时期连接双方人民的友谊之桥、合作之桥、发展之桥。会议阿方主席、埃及外交部部长助理兼常驻阿盟代表阿姆鲁和阿盟副秘书长本·哈里等高度评价中国为加强阿中友好合作所作的不懈努力，感谢中方长期以来坚定支持阿拉伯国家正义事业，强调阿方视中国为重要战略伙伴，期待通过举办相关活动，推动阿中战略合作关系取得更大发展。

6月27日至28日，第五届中阿关系暨中阿文明对话研讨会在新疆乌鲁木齐举行。中国外交部、文化部、知名学术研究机构、高校以及阿拉伯各国和阿盟的约100名代表与会。中阿双方就"中阿两大文明对丰富人类文明的贡献""文明对话对促进新时期中阿战略合作关系发展的作用""中阿文化的相互影响与融合""智库与专家学者对加强中阿文明对话的作用"等议题进行深入对话和讨论。会议通过《最终报告》。

9月13日至16日，第二届中阿广播电视合作论坛在宁夏银川举行。论坛主题为"交流合作、互利共赢"，中阿双方就"中阿广播电视政策""中阿广播电视交流与合作""广播电视技术发展与数字化进程"及"广播电视在推动国家经济文化发展、维护社会和谐中所承担的责任"等议题进行深入探讨。论坛期间，中方与阿拉伯国家及阿拉伯国家广播联盟等签署多项合作协议，并举办了中阿广播电视节目推介交流活动和中阿广播电视节目技术设备交流展。论坛通过《2013中国—阿拉伯国家广播电视合作论坛纪要》。

9月25日，中国外交部长王毅在美国纽约联合国总部会见阿盟秘书长阿拉比。王毅表示，中国新一届政府高度重视发展同阿拉伯各国和阿盟的关系，把阿拉伯国家作为优先合作伙伴。中方支持阿拉伯国家自主探索符合本国国情的发展道路，积极促进中东地区的和平、稳定与发展。中阿双方同属发展中国家，有着广泛的共同利益和共同诉求。当前，双方都面临振兴民族、发展经济、改善民生的任务，中方愿同阿方共同努力，推动中阿集体合作取得实实在在的成果。双方还就叙利亚、巴勒斯坦等问题交换意见。

12月9日，中阿合作论坛第五届企业家大会暨第三届投资研讨会在四川成都举行。会议主题为"深化互利合作，促进共同发展"，中国和阿盟15个成员国的政府官员及经贸促进机构、商协会和企业家代表共550余人与会。中阿双方就"中阿经贸和投资现状与前景"等议题进行深入研讨，并共同签署大会《会议纪要》。

2014 年

6月4日，中阿合作论坛第十一次高官会在北京举行。中国外交部副部长张明出席会议开幕式并发表主旨讲话。论坛中方秘书处秘书长、中国外交部西亚北非司司长陈晓东和阿方主席、摩洛哥驻阿盟代表阿拉米及阿盟副秘书长本·哈里共同主持会议，来自21个阿拉伯国家、阿盟秘书处的高级别官员及阿拉伯国家驻华使节与会。会议回顾和评估论坛成立10年来的发展成就，研究论坛的发展前景，审议即将在北京举行的第六届部长级会议相关议程和成果文件，并就共同关心的国际和地区问题进行了政治磋商，为第六届部长级会议作准备。

6月4日，中国外交部长王毅会见来华出席中阿合作论坛第六届部长级会议的阿盟秘书长阿拉比。王毅表示，中方高度重视阿盟在促进阿拉伯团结、发展阿拉伯经济、维护阿拉伯利益上的独特作用。中方将继续坚定支持阿拉伯国家在巴勒斯坦等问题上的核心关切，支持阿拉伯国家维护民族合法权益的正义事业，支持阿拉伯国家联合自强和自主探索符合本国国情的发展道路。中方高度赞赏阿盟外长理事会连续多年通过加强对华关系的决议。无论国际和地区形势如何变化，中方传承中阿友谊的坚定信念不会改变，深化中阿战略合作的既定政策不会改变，与阿方携手维护地区和平稳定的共同目标不会改变。阿拉比表示，阿方高度赞赏习近平主席将出席论坛部长级会议开幕式，相信习近平主席提出的合作倡议将受到阿拉伯所有国家热烈欢迎。双方讨论了部长级会议最后阶段筹备工作，一致认为，本届部长级会议恰逢中阿合作论坛成立10周年，这是中阿关系史上的一件大事，具有承前启后的里程碑意义。中阿双方精诚团结，密切沟通，此前各项筹备工作卓有成效，相信本次会议将产生重要成果。

6月5日，中阿合作论坛第六届部长级会议在北京举行，中国国家主席习近平在北京人民大会堂会见与会的阿拉伯国家代表团团长。习近平表示，中国珍视同阿拉伯国家的关系，始终从战略高度和长远角度推动中阿关系发展。对阿拉伯朋友，我们坚持"四个不动摇"。一是支持中东和平进程，维护阿拉伯民族合法权益的立场不动摇。二是全力推动政治解决，促进中东和平稳定的方向不动摇。三是支持自主探索发展道路，帮助阿拉伯国家发展的理念不动摇。四是推进文明对话，倡导文明新秩序的价值追求不动摇。习近平指出，2014年是中阿合作论坛创立10周年，中阿关系站到了承上启下、继往开来的新起点上。在这个时候召开本届部长级会议，具有重要的现实意义。希望双方共同努力，把会议开好，把论坛建设好，开创中阿关系更加美好的未来。

阿盟首脑理事会轮值主席国科威特首相贾比尔表示，阿方高度赞赏中方在阿拉伯问题上一贯秉持的正义立场，对发展阿中战略合作关系抱有强烈和真诚的愿望。阿方愿同中方共同努力，使会议取得成功，深化双方合作，实现共同发展。

会议阿方主席、摩洛哥外交与合作大臣梅祖阿尔表示，阿中友好关系源远流长，基础坚实，前景广阔。阿方愿同中方一道，把阿中合作论坛发展好，着力推动"一带一路"建设，合力反对恐怖主义，共同致力于维护世界和地区和平稳定。

会见后，习近平主席出席会议开幕式并发表题为《弘扬丝路精神，深化中阿合作》的重要讲话。习近平表示，通过古老的丝绸之路，中阿人民的祖先走在了古代世界各民族友好交往的前列。当前，中阿都面临实现民族振兴的共同使命和挑战。希望双方弘扬丝绸之路精神，以共建丝绸之路经济带和21世纪海上丝绸之路为新机遇新起点，不断深化全面合作、共同发展的中阿战略合作关系。习近平指出，未来10年，对中阿双方都是发展的关键时期。实现民族振兴的共同使命和挑战，需要我们弘扬丝绸之路精神，促进文明互鉴，尊重道路选择，坚持合作共赢，倡导对话和平。习近平强调，"一带一路"是互利共赢之路。中国同阿拉伯国家因为丝绸之路相知相交，是共建"一带一路"的天然合作伙伴。中阿双方应该坚持共商、共建、共享原则，打造中阿利益共同体和命运共同体。构建"1+2+3"的合作格局。习近平指出，成立中阿合作论坛，是我们着眼中阿关系长远发展作出的战略抉择。希望双方抓住共建"一带一路"的新机遇，加强政策沟通，深化务实合作，不断开拓创新，把论坛建设好。

科威特首相贾比尔、中国国务委员杨洁篪等出席开幕式。中国外交部长王毅主持开幕式。

中国和21个阿拉伯国家的代表和阿盟秘书长与会。会议签署《中国—阿拉伯国家合作论坛第六届部长级会议北京宣言》《中国—阿拉伯国家合作论坛2014年至2024年发展规划》《中国—阿拉伯国家合作论坛2014年至2016年行动执行计划》等3份成果文件。阿方在会上对中方提出关于共建"一带一路"的建议表示赞赏。

6月17日至18日，中阿合作论坛框架内首届中阿城市论坛在福建泉州举行。论坛主题为"丝路起点、合作新篇"，中国和19个阿拉伯国家城市的代表、专家学者及阿拉伯国家驻华使节等共200余人与会。会议通过《首届中国阿拉伯城市论坛宣言》。

8月3日，中国外交部长王毅在埃及开罗阿盟总部同阿盟秘书长阿拉比举行会谈。王毅表示，在中阿双方共同努力下，中阿合作论坛第六届部长级会议取得圆满成功。习近平主席在会议上全面规划了未来中阿集体合作的重点领域和发展方向，为今后10年中阿关系发展指明了道路。双方应立即行动起来，切实落实会议成果。王毅表示，在中东热点问题上，中方将坚定维护联合国宪章宗旨和国际关系基本准则，尊重地区国家人民自主选择发展道路，坚持政治解决这一唯一正确的途径。阿拉比表示，中国长期以来在国际上主持公道，仗义执言，支持阿拉伯国家的正义事业，是阿拉伯国家真正可以信赖和依靠的好朋友。阿方高度重视发展对华关系和阿中合作论坛建设，愿与中方共同努力，落实阿中合作论坛第六届部长级会议成果，全面参与建设"一带一路"。

9月10日，中国—阿拉伯国家友好年暨第三届阿拉伯艺术节开幕式在北京举行，中国国家主席习近平发来贺信，祝愿友好年活动圆满成功。习近平表示，中国和阿拉伯国家的友好交往历史久远，双方传统友谊历久弥新。中阿友好年活动的举办将增进双方人民相互了解和友好感情，为中阿交往和合作夯实民意基础。当前，中阿关系正处于承上启下、继往开来的新起点上，和平合作、开放包容、互学互鉴、互利共赢已成为中阿关系发展的重要特征。我高度重视中阿关系发展。中方始终从战略高度和长远角度看待中阿关系，愿同阿拉伯各国携手努力，把中阿全面合作、共同发展的战略合作关系不断提高到新的水平。阿盟首脑理事会轮值主席国科威特埃米尔萨巴赫也向中阿友好年发来贺信。

11月17日至21日，第四届中阿能源合作大会在沙特利雅得举行。中国和22个阿拉伯国家的政府官员、国际和地区能源机构代表以及双方企业界人士与会。中阿双方就电力、核电、可再生能源、油气等领域的未来发展趋势和合作前景进行深入讨论。

2015年

4月28日，中阿合作论坛框架内首届中阿妇女论坛在阿联酋阿布扎比举行。会议主题为"携手同行、共促发展"，中国和阿拉伯地区的妇女组织代表、女企业家、女手工艺者、女性社会活动家、与妇女问题相关的国际和地区组织代表约200人与会。中阿双方就"中阿妇女与可持续发展""女性领导力的机遇与挑战""支持女性企业家与创业者的措施与做法""妇女在企业中的经验"等议题进行深入讨论。

4月29日，中阿合作论坛框架内首届中阿图书馆与信息领域专家会议在埃及开罗阿盟总部举行。会议主题为"建设中阿信息社会"，中国国家图书馆、首都图书馆等中方图书馆及阿拉伯国家图书馆馆长、负责人、专家学者共40余人与会。阿盟图书馆和约旦、巴林、埃及等国图书馆一同向中国国家图书馆捐赠了总计5000余册介绍阿拉伯国家历史文化的阿语图书，阿盟秘书处还同后者签署了包括双方技术交流、数据库建设等内容的合作备忘录。

5月26日，中阿合作论坛第六届企业家大会暨第四届投资研讨会在黎巴嫩贝鲁特举行。中国和15个阿拉伯国家的500余位企业家与会。中阿双方就发展中阿经贸合作、推动"一带一路"建设等议题进行深入研讨。

6月1日，中国国务委员杨洁篪在埃及开罗阿盟总部会见阿盟秘书长阿拉比。杨洁篪表示，习近平主席2014年提出中阿合作共建"一带一路"，为中阿关系发展和中阿合作论坛建设指明了方向。在双方共同努力下，一年来中阿共建"一带一路"不断取得早期收获。下阶段，双方应以中阿传统友好为基石，密切高层往来，增进政治互信。提高务实合作水平，实现合作共赢，积极构建中阿利益共同体。中方支持阿拉伯国家自主探索符合自身国情的发展道路，呼吁通过对话协商政治解决地区热点问题，以包容、和平的政治对话方式化解分歧、解决争端。阿拉比表示，中国始终站在正义一边，理解和支持阿拉伯国家正义事业，为发展中国家主持公道，是广大发展中国家可以信赖的好朋友。阿方愿深入开展与中国的全方位合作，共建"一带一路"。深化阿中合作论坛建设，增进阿中交流互鉴。加强在国际和地区事务中的协调，维护世界和平稳定。

6月9日，中国外交部同阿盟秘书处建立高官级战略政治对话机制，中阿双方举行中阿合作论坛首次高官级战略政治对话，就共同关心的重大国际和地区问题深入交换意见。

6月10日，中阿合作论坛第十二次高官会在埃及开罗阿盟总部举行。会议由论坛中方秘书处秘书长、中国外交部西亚北非司司长邓励和埃及外交部负责亚洲事务的部长助理穆拉德共同主持。阿盟秘书长阿拉比出席开幕式并讲话。中国驻埃及大使兼常驻阿盟代表宋爱国，阿盟助理秘书长贾瓦德，阿拉伯国家驻华使节委员会主席、阿曼驻华大使萨阿迪等出席。中国外交部、商务部、文化部等部门代表以及21个阿拉伯国家外交部、阿盟秘书处主管中阿关系和中阿合作论坛事务的80余名官员与会。会议总结了中阿首次高官级战略政治对话成果，评估《中国—阿拉伯国家合作论坛2014年至2016年行动执行计划》执行情况并梳理下一步工作规划。会议重点讨论中阿合作共建"一带一路"和促进产能合作等议题，并就将于2016年在卡塔尔举行的第七届部长级会议筹备工作交换意见。会议通过《成果文件》。

9月9日，第三届中阿广播电视合作论坛在宁夏银川举行。中国和14个阿拉伯国家以及阿拉伯国家广播联盟的代表与会。中国国家新闻出版广电总局、中国国际广播电台以及中国地方电视台分别与多个阿拉伯国家签署了广播电视节目授权、播出协议。

9月10日至11日，中阿合作论坛框架内首届中阿技术转移与创新合作大会在宁夏银川举行。中国和阿拉伯国家政府科技主管部门、开发区、科研机构和企业界人士以及专家学者代表约500人与会。会上，中阿技术转移中心正式揭牌成立，并与阿盟科技与海运学院、沙特国王科技城、约旦商会、阿曼马斯喀特国际中心、阿联酋国家农业学会分别签订共建中阿双边技术转移中心的框架协议。中阿双方共形成37个合作协议或意向。

9月11日，中阿合作论坛框架内首届中阿卫生合作论坛在宁夏银川举行。论坛主题为"加强医药技术合作　推动卫生事业发展"，中国和16个阿拉伯国家及阿盟有关部门共约400名代表与会。论坛发布《银川宣言》，并提出深化中阿卫生领域合作的6点设想。

11月10日至11日，第六届中阿关系暨中阿文明对话研讨会在卡塔尔多哈举行。中国外交部、文化部、中央电视台、知名学术研究机构、高校以及16个阿拉伯国家和阿盟的约70名代表与会。中阿双方就"未来10年合作与对话的基础和潜在挑战""现代丝绸之路沿线文化和青年合作的新目标和新机制""民间交往与公共外交"等议题进行深入讨论。会议通过《最终报告》。

2016年

　　1月21日，中国国家主席习近平在埃及开罗会见阿盟秘书长阿拉比。习近平指出，2016年是中国同阿拉伯国家开启外交关系60周年。60年来，中阿关系实现跨越式发展，各领域友好合作成果丰硕。阿盟是重要区域性组织，为阿拉伯世界实现民族独立、联合自强作出不懈努力，在地区和国际事务中发挥着独特影响和作用。中方愿加强同阿盟的友好关系，期待阿盟在促进中阿友好方面继续发挥引领作用。中阿两个民族在追求民族独立和国家发展进程中始终相互理解、相互支持。中国长期坚定支持阿拉伯国家的正义事业，支持阿拉伯国家团结自强、自主解决地区问题。中阿双方要传承中阿传统友好，增进政治互信，在重大国际和地区问题上加强协调配合。要合作共建"一带一路"，构建互利共赢的友好合作关系。要依托中阿合作论坛，深化双方各领域合作，使中阿合作上升到一个新水平。

　　阿拉比表示，欢迎习近平主席到访阿盟总部。中国始终站在发展中国家一边，始终支持发展中国家。所有阿拉伯国家感谢中国对阿拉伯事业特别是巴勒斯坦事业的支持。阿拉伯国家高度重视并赞赏中方在阿中开启友好关系60周年之际发表中国对阿拉伯国家政策文件，愿在政治、经济等各领域和国际地区问题上同中国密切合作，充分发挥阿中合作论坛作用，促进双方共同利益。

　　1月21日，中国国家主席习近平访问阿盟总部并发表题为

《共同开创中阿关系的美好未来》的重要演讲。习近平指出，化解分歧，关键要加强对话。破解难题，关键要加快发展。道路选择，关键要符合国情。一个国家的发展道路，只能由这个国家的人民，依据自己的历史传承、文化传统、经济社会发展水平来决定。在巴勒斯坦问题上，维护巴勒斯坦人民合法民族权益是国际社会的共同责任。巴勒斯坦问题不应被边缘化，更不应被世界遗忘。巴勒斯坦问题是中东和平的根源性问题。中阿共建"一带一路"，构建以能源合作为主轴，以基础设施建设、贸易和投资便利化为两翼，以核能、航天卫星、新能源三大高新领域为突破口的"1+2+3"合作格局已经有了早期收获，要抓住未来5年的关键时期共建"一带一路"。中国和阿拉伯国家要心手相连、并肩攀登，为深化中阿友好合作而努力，为人类和平与发展的崇高事业而共同奋斗。

3月27日，中国国务院副总理刘延东访问阿盟总部并会见阿盟秘书长阿拉比。刘延东表示，2016年1月习近平主席对阿盟总部进行历史性访问，为当前和未来的中阿合作规划了新蓝图，注入新动力。我此次访问埃及期间到访阿盟总部，就是要更好落实习近平主席访问阿盟总部重要成果。中方愿同阿方大力开展创新合作行动，不断丰富中阿战略合作关系内涵。阿拉比表示，习近平主席2016年1月访问阿盟总部并发表重要演讲，体现了中国领导人对发展中阿关系的高度重视，受到阿拉伯国家民众的热烈欢迎。阿盟高度重视中国，期待进一步加强同中国在科技、教育、文化等各领域交流与合作，继续共同办好阿中合作论坛。

5月11日，中阿合作论坛第十三次高官会和第二次高官级战略政治对话在卡塔尔多哈举行。中阿双方就中阿合作论坛第七届部长级会议议程和成果文件进行审议。

5月11日，中国外交部长王毅在卡塔尔多哈出席中阿合作论坛第七届部长级会议前会见阿盟秘书长阿拉比。王毅表示，2016年初习近平主席访问阿盟总部，提出中阿共建"一带一路"。即将举行的中阿合作论坛将深入探讨如何把习近平主席提出的对阿合作重大政策举措落到实处。中国愿成为阿拉伯国家推进工业化进程中最可靠、最理想的合作伙伴，通过基础设施和产能合作，在共建"一带一路"的进程中助力广大阿拉伯国家提高自主发展能力，开拓中阿关系新的未来。阿拉比表示，习近平主席对阿盟的访问具有历史性意义，突显了中阿关系的良好和深厚。阿中合作论坛是阿拉伯国家与其他国家建立的最成功论坛，阿方高度重视论坛建设，愿与中方密切合作，确保此次论坛取得成功。所有阿拉伯国家均希望中国分享发展经验，都愿进一步加强同中国的互利合作，尤其希望在共建"一带一路"方面加强合作。

5月12日，中阿合作论坛第七届部长级会议在卡塔尔多哈举行。中国外交部长王毅和卡塔尔外交大臣穆罕默德、阿盟秘书长阿拉比共同出席会议开幕式。中国国家主席习近平、卡塔尔埃米尔塔米姆分别向会议致贺信，对会议的举行表示热烈祝贺。王毅首先宣读中国国家主席习近平的贺信。习近平表示，2014年，我在中阿合作论坛第六届部长级会议上提出中阿共建"一带一路"倡议，得到阿拉伯国家积极响应。2016年1月，我访问阿拉伯国家联盟总部，深切感受到阿方参与"一带一路"建设的热情。本届部长级会议将深入探讨"共建'一带一路'、深化中阿战略合作"这一重要议题，全面规划未来两年中阿集体合作的重点领域和合作项目，对促进互利合作、深化人文交流、加强中阿合作论坛机制建设具有重要意义。习近平强调，中方愿同阿拉伯国家携手努力，根据共商、共建、共享原则，稳步推进"一带一路"建设，共同开创中阿战略合作关系更加美好的未来。

王毅表示，两年来，在双方共同努力下，中阿合作论坛取得丰硕早期收获，展示了中阿集体合作的巨大潜力。不久前，习近平主席访问阿盟总部并发表重要演讲，提出中阿共建"一带一路"，共同实施促进稳定、创新合作、产能对接、增进友好四大行动，揭开了中阿关系的新篇章。中阿共建"一带一路"，应该融合中国向西开放和阿拉伯"东向"两大趋势，发挥产业互补和资源互补两种优势，用好工业化和文明对话两个抓手，谱写中阿传统友好的新篇章。成立中阿合作论坛，是我们着眼中阿关系长远发展的战略选择。现在开展共建"一带一路"行动，将为论坛建设带来新的战略机遇。为此，我们要聚焦务实合作，做实惠民举措，完善论坛机制。

穆罕默德宣读卡塔尔埃米尔塔米姆的贺信。塔米姆表示，经过多年发展，论坛已成为阿中深化合作、化解分歧的重要平台，阿中在维护主权和领土完整、促进发展方面相互支持合作。阿方高度赞赏中方在地区问题上发挥的积极和建设性作用。阿中是建设"一带一路"的天然合作伙伴，阿方愿同中方加强合作，推动阿中战略合作关系进一步发展。

阿拉比表示，阿中合作论坛已经成为南南合作的成功典范。双方对阿中合作都抱有诚意和信心，双方应发挥好各自比较优势，进一步深化阿中战略合作。

中国和20个阿拉伯国家的外长或外长代表与会。会议回顾了中阿合作论坛第六届部长级会议以来在论坛框架内举办的各项活动及其积极成果，通过《中国—阿拉伯国家合作论坛第七届部长级会议多哈宣言》《中国—阿拉伯国家合作论坛2016年至2018年行动执行计划》等2份成果文件。中阿双方一致同意在中阿合作论坛框架内举办"中阿北斗合作论坛"，加快中国—海合会自贸区谈判进程。

8月3日至7日，第三届中国艺术节在突尼斯斯法克斯举行。

中国外交部、文化部和突尼斯文化部等部门代表出席开幕式并致辞。中国和突尼斯各界人士共500余人与会。

10月25日至26日，第五届中阿能源合作大会在北京举行。大会主题为"能源：中阿合作的基石"，中国和阿盟21个成员国的政府官员、国际和地区能源机构代表以及双方企业界人士共250余人与会。中阿双方就"如何建设能源丝绸之路，推动中阿能源合作""创新完善金融生态，促进中阿金融能源深度融合"等议题开展深入交流，并签署主论坛《闭幕公报》。

2017年

5月22日至23日，中阿合作论坛第十四次高官会在北京举行。中国外交部副部长张明出席会议开幕式并致辞。会议由论坛中方秘书处秘书长、中国外交部西亚北非司司长邓励和阿方主席、阿尔及利亚驻阿盟代表阿尔巴维共同主持，21个阿拉伯国家和阿盟秘书处的高级别官员及阿拉伯国家驻华使节与会。会议回顾总结第七届部长级会议以来各项工作进展情况，评估《中国—阿拉伯国家合作论坛2016年至2018年行动执行计划》执行情况，就第八届部长级会议筹备工作交换意见，并审议通过会议《成果文件》。会前，中阿双方还举行了第二次高官级战略政治对话。

5月24日，中阿合作论坛框架内首届中阿北斗合作论坛在上海举行。中国外交部、商务部、工业和信息化部等相关政府部门代表，阿盟21个成员国和国际组织的80余位代表共200余人与会。中阿双方就北斗系统服务性能、北斗/GNSS中心、应用技术、应用解决方案、教育培训等议题进行深入研讨，并签署《第一届中阿北斗合作论坛声明》。

5月24日，第二届中阿图书馆与信息领域专家会议在北京举行。会议以"中阿图书馆资源的共知共建与共享"为主题，中国文化部、中国国家图书馆、阿盟秘书处以及阿拉伯国家图书馆的官员、馆长、专家等与会。中阿双方就促进图书馆与信息技术的关联与发展等议题进行深入研讨。

8月15日至16日，第七届中阿关系暨中阿文明对话研讨会——中阿文明对话暨去极端化圆桌会议在四川成都举行。中国和16个阿拉伯国家及阿盟的官员、专家和宗教界人士等共70余人与会。中阿双方就"中阿合作共建'一带一路'背景下的文明对话""去极端化的治理与中阿去极端化合作"等议题进行深入讨论，就深化文明对话，共建"一带一路"，坚持温和中道价值理念，合作推进去极端化等深入交换意见。会议通过《最终报告》。

9月6日至7日，第二届中阿技术转移与创新合作大会在宁夏银川举行。中国和埃及、苏丹等国相关部门负责人与会。会议期间还召开了系列专场技术转移对接洽谈会，并举行了高新技术装备展，1000余名科技官员、专家学者、企业家参会参展。大会正式启动中阿技术转移综合信息平台，签约19项科技合作项目。

9月6日至9日，中阿合作论坛第七届企业家大会暨第五届投资研讨会在宁夏银川举行。中阿双方有关政府官员和企业家代表共100余人参会。会议发表《银川宣言》，17个机构签署了12项协议和备忘录、4个企业间项目。

9月19日，第二届中阿妇女论坛在北京举行。中国和阿拉伯国家的妇女机构和妇女组织领导人、阿盟妇女事务负责人、学术界和企业界代表、阿拉伯国家驻华使馆及阿盟驻华机构代表共150人与会。中阿双方就"妇女赋权与政策支持""'一带一路'建设中的女性贡献""妇女与文化传承"等议题进行深入研讨。

11月6日至7日，第五届中阿友好大会在北京举行。会议主题为"民间合作助力中阿共建'一带一路'"，来自中阿友协、阿中友联、阿盟秘书处、12个阿拉伯国家对华友好组织代表团、部分企业和媒体等的150余名代表与会。会议通过《第五届中阿友好大会宣言》。

2018 年

4月23日，中阿合作论坛框架内首届中阿改革发展论坛在北京举行。论坛主题为"加强治国理政经验交流，推进中阿发展战略对接"，中国和10余个阿拉伯国家的政府官员、专家学者共50余人与会。中阿双方就"交流治国理政经验""实现共同繁荣发展""中国理念与阿拉伯发展道路的探索""在新的开放格局下推进中阿'一带一路'建设"等议题进行深入探讨。

5月8日，中国外交部部长助理陈晓东与来华访问的阿盟助理秘书长哈立德举行会谈。双方就中阿合作论坛第八届部长级会议筹备工作进行交流。

7月9日，阿盟秘书长盖特来华出席中阿合作论坛第八届部长级会议并访问中国。中国国家副主席王岐山会见盖特。王岐山表示，中阿都是为人类文明作出过重大贡献的民族。发展历程和历史文化基因决定了中国永远是促进世界和平发展的正能量。中阿在政治上平等相待、经济上互利共赢、文化上包容互鉴。中方坚定支持阿方探索适合自身的发展道路，实现地区和平稳定、发展繁荣。习近平主席在2014年和2016年两次面向阿拉伯世界发表重要讲话，为中阿关系指明了方向。中方欢迎阿方积极参与共建"一带一路"，期待阿盟在促进中阿友好合作上发挥更大作用。盖特表示，阿中友谊源远流长，阿拉伯国家高度关注中国的发展道路，钦佩中国取得的历史性成就，愿积极参与"一带一路"建设，深化同中方的各领域务实合作。阿方感谢中方坚定支持广大发展中国家和阿拉伯事业。

7月9日，中国国务委员兼外交部长王毅在北京同阿盟秘书长盖特举行会谈。王毅表示，面对当前动荡多变的国际形势，中阿应加强团结合作。中国正在构建更高层次、更大规模的全方位开放新格局，向西加强与共建"一带一路"国家合作是个大趋势，阿拉伯国家正在加快"东向"战略，双方应加快发展战略对接，通过共建"一带一路"成为长期稳定的合作伙伴。相信在双方共同努力下，即将举行的中阿合作论坛第八届部长级会议一定会取得圆满成功，推动中阿集体合作迈上新的水平。盖特表示，阿方高度赞赏习近平主席提出的"一带一路"伟大倡议，期待同中方就共建"一带一路"加强合作。阿中合作论坛为促进阿中各领域合作快速发展发挥了重要作用。阿盟将同中方共同努力，确保即将举行的第八届部长级会议取得积极成果，成为阿中关系的又一盛事。

7月9日，中阿合作论坛第十五次高官会在北京举行。中国外交部部长助理陈晓东出席会议开幕式并致辞。会议由论坛中方秘书处秘书长、中国外交部西亚北非司司长邓励和阿方主席、沙特外交部阿盟司司长拉斯共同主持，来自21个阿拉伯国家和阿盟秘书处的高级别官员及阿拉伯国家驻华使节与会。会议就即将召开的中阿合作论坛第八届部长级会议筹备情况交换意见，审议部长级会议的议程和有关成果文件。会前，中阿双方还举行第四次高官级战略政治对话。

7月10日，中阿合作论坛第八届部长级会议在北京举行。中国国家主席习近平出席会议开幕式并发表题为《携手推进新时代中阿战略伙伴关系》的重要讲话。习近平指出，中阿友谊源远流长，历久弥新。历史和实践证明，无论国际风云如何变幻，无论面临怎样的艰难险阻，中阿始终是互惠互利的好伙伴、同甘共苦的好兄弟。习近平强调，中方倡议共建"一带一路"，得到包括阿拉伯世界在内的国际社会广泛支持和积极参与。中方愿同阿方加强战略和行动对接，携手推进"一带一路"建设，共同做中东和平稳定的维护者、公平正义的捍卫者、共同发展的推动者、互学互鉴的好朋友。

习近平指出，发展是解决中东许多治理问题的钥匙，各方要始终心系合作，多做共赢的加法和乘法，优势互补，共享繁荣。习近平呼吁有关各方遵守国际共识，公正处理巴勒斯坦问题，强调中方支持以"两国方案"和"阿拉伯和平倡议"为基础，推动巴以和谈尽快走出僵局。习近平最后强调，中阿合作论坛在开展对话、加强合作方面大有可为。要适应新时代中阿关系发展，论坛建设要有新气象、新作为。要通过加强交流，让双方思想形成更多交汇。

科威特埃米尔萨巴赫出席开幕式。中国国务委员兼外交部长王毅同阿方主席、沙特外交大臣朱贝尔共同主持会议。中国与阿盟21个成员国部长级代表、阿盟秘书长盖特与会。会议通过《中国—阿拉伯国家合作论坛第八届部长级会议北京宣言》《中国—阿拉伯国家合作论坛2018年至2020年行动执行计划》《中国和阿拉伯国家合作共建"一带一路"行动宣言》等3份成果文件。中阿双方高度赞赏共建"一带一路"倡议，一致同意将双方关系提升至"全面合作、共同发展、面向未来的中阿战略伙伴关系"。

7月至10月，第四届阿拉伯艺术节在四川成都举行。艺术节主题为"丝路相连，民心相通"，其间通过展览演出、论坛交流和艺术研修等活动开创新时代中阿人文交流新局面。10月25日，艺术节举行闭幕仪式，中国国家主席习近平致贺信，对艺术节的成功举办表示热烈祝贺。习近平指出，中阿文明互鉴源远流长。

历史上，中华文明和阿拉伯文明交相辉映。习近平强调，举办阿拉伯艺术节是中阿双方增进民心相通的重要举措。中方愿同阿方携手努力，继续加强双方文明交流和人文合作，为全面合作、共同发展、面向未来的中阿战略伙伴关系发展夯实社会和民意基础，努力打造中阿命运共同体，为推动构建人类命运共同体作出贡献。

11月5日至8日，第六届中阿能源合作大会在埃及开罗举行。会议主题为"'一带一路'的投资机会"，中国和阿盟成员国的政府官员、国际和地区能源机构代表以及双方企业界人士约500人与会。中阿双方就"一带一路"框架内如何进一步推动中阿能源合作进行深入研讨，会议宣布将成立中阿清洁能源培训中心。

11月8日，第二届中阿城市论坛在摩洛哥马拉喀什举行。论坛主题为"共建'一带一路'共同体：中阿城市的作用"，中国和阿拉伯国家政府、阿拉伯城市组织和民间机构、学术界、地方政府及私营机构的代表共250余人与会。中阿双方就如何在智慧城市建设、文化遗产保护、住房土地规划等领域开展合作进行深入研讨。

2019 年

1月16日，中国国家主席习近平特别代表、中共中央政治局委员、中央外事工作委员会办公室主任杨洁篪访问埃及，会见阿盟秘书长盖特。

3月31日，中国国家主席习近平向阿拉伯国家联盟首脑理事会会议轮值主席突尼斯总统埃塞卜西致贺电，祝贺第30届阿拉伯国家联盟首脑理事会会议在突尼斯首都突尼斯市召开。习近平指出，阿盟致力于促进中东地区和平、稳定、发展，积极倡导政治解决热点问题，为阿拉伯世界实现联合自强作出不懈努力，我对此表示赞赏。习近平强调，中阿传统友谊深厚。2018年7月，中阿合作论坛第八届部长级会议在北京成功召开，中阿双方一致同意建立全面合作、共同发展、面向未来的战略伙伴关系。这是中阿友好合作新的历史起点。中方愿同阿方携手努力，增进战略互信，推进务实合作，密切人文交流，落实中阿合作共建"一带一路"行动宣言，共同开创中阿战略伙伴关系更加美好的未来，为推动构建人类命运共同体作出贡献。

4月1日至2日，第二届中阿北斗合作论坛在突尼斯首都突尼斯市举行。论坛以"合作、应用、服务"为主题，中国和阿拉伯国家政府部门、有关国际组织、科研院所、企业等的共300余名代表与会。中阿共同签署《第二届中阿北斗合作论坛声明》，会议形成《中阿联合北斗测试评价结果》成果文件。

4月2日至3日，中阿合作论坛第八届企业家大会暨第六届投资研讨会在突尼斯首都突尼斯市举行。中国人民政治协商会议全国委员会、中国国际贸易促进委员会和突尼斯政府部门、阿盟官员及中阿企业家代表等共600余人与会。会议发表《突尼斯宣言》。

4月16日，第二届中阿改革发展论坛在上海举行。论坛主题为"共建'一带一路'，共享发展繁荣"，中国外交部、商务部、文化和旅游部等部门代表，阿拉伯国家前政要、政府官员、学者、媒体人士以及部分中国前驻中东国家使节，有关高校和研究机构专家学者共100余人与会。中阿双方就"政策沟通：推进中阿发展战略对接""深化合作：以'一带一路'带动中阿关系发展""智库交流：为共建'一带一路'提供智力支持"等3个议题进行深入研讨。

6月11日，第三届中阿图书馆与信息领域专家会议在科威特首都科威特城举行。会议以"从中阿图书馆的信息化未来中相互受益"为主题，中阿图书信息领域共30余名代表与会。中阿双方就深化中阿电子图书馆合作议题进行深入研讨。

6月18日，中阿合作论坛第十六次高官会在阿联酋阿布扎比举行。会议由论坛中方秘书处秘书长、中国外交部西亚北非司司长王镝和阿联酋外交与国际合作部政治事务部长助理哈利法共同主持。中国驻阿联酋大使倪坚，中国外交部中阿合作论坛事务大使李成文，阿盟助理秘书长哈立德，阿拉伯驻华使团团长、阿曼驻华大使萨阿迪等出席。中国外交部、商务部、文化和旅游部等部门代表以及21个阿拉伯国家外交部、阿盟秘书处的主管官员等共120余人与会。会议总结了中阿合作论坛第八届部长级会议成果落实进展，评估《中国—阿拉伯国家合作论坛2018年至2020年行动执行计划》执行情况，讨论下阶段工作计划，并就将于

2020年在约旦举行的第九届部长级会议筹备工作交换意见。会议通过《成果文件》。同日，中阿双方还举行第五次高官级战略政治对话，就共同关心的重大国际和地区问题深入交换意见。

8月16日，第二届中阿卫生合作论坛在北京举行。论坛主题为"深化中阿卫生合作、共筑健康丝绸之路"，中国和阿盟21个成员国代表、阿拉伯国家驻华使节、国际组织代表等约180人与会。双方就中阿卫生政策研究与交流、重大疾病防控、传统医药合作、医疗机构间的技术交流等议题进行深入研讨。会议通过《中国—阿拉伯国家卫生合作2019北京倡议》。

9月5日，第三届中阿技术转移与创新合作大会在宁夏银川举行。中国和埃及、摩洛哥等国家科技主管部门的政府官员、科研机构代表、技术转移机构代表、专家学者、企业家等共500余人与会。会议发布10项主推重要技术成果项目，签约10项重点合作项目。

10月17日，第四届中阿广播电视合作论坛在浙江杭州举行。中国国家主席习近平向论坛致贺信。习近平指出，2018年7月，我在中阿合作论坛第八届部长级会议开幕式上宣布建立全面合作、共同发展、面向未来的中阿战略伙伴关系，中阿友好合作进入历史新阶段。希望中阿双方携手努力，推动媒体融合发展，打造智慧广电媒体，发展智慧广电网络，为增进中阿民心相通、推动中阿战略伙伴关系发展作出更大贡献。论坛以"深化合作传播，繁荣内容创作"为主题，19个国家和地区的300余名中外嘉宾与会。会议通过《中国—阿拉伯国家广播电视合作论坛杭州宣言》。

12月17日至18日，第八届中阿关系暨中阿文明对话研讨会在摩洛哥拉巴特举行。中国外交部、文化和旅游部、国务院新闻办、国家宗教局、知名学术研究机构以及17个阿拉伯国家和阿盟的约80名代表和专家学者与会。中阿双方就"利用软实力外交弘扬和平文化""可持续发展对弘扬和平文化的作用""促进文化多样性""运用传统和现代传播手段反对恐怖暴力和极端思想""以文化创新产业促进文明对话"等议题进行深入讨论。会议通过《最终报告》。

12月19日，第三届中阿妇女论坛在沙特利雅得举行。论坛主题为"妇女和打造创新和可持续的未来"，中华全国妇女联合会、沙特劳动和社会发展部、努拉公主大学、沙特家庭事务委员会、阿盟等部门官员以及部分女企业家代表与会。论坛就"公益组织倡议和妇女赋权""妇女与投资""妇女在阿拉伯和中国文化中的地位""建设妇女的数字化能力""阿拉伯和中国妇女之间的伙伴关系前景"等议题进行深入研讨。

12月25日，中国外交部部长助理陈晓东会见来华访问的阿盟助理秘书长哈立德。双方就中阿合作论坛第八届部长级会议成果落实和第九届部长级会议筹备工作进行交流。

2020 年

1月7日，中国国务委员兼外交部长王毅在访问埃及期间同阿盟秘书长盖特举行会晤。王毅表示，习近平主席提倡打造中阿命运共同体，为中阿关系指明了方向。中阿要进一步深化战略伙伴关系，促进地区热点问题的政治解决。中方高度重视阿盟作用，赞赏阿盟在重大国际和地区问题上秉持公正客观立场，支持阿拉伯国家以阿盟为平台协调应对当前面临的困难和挑战。中阿合作论坛成果显著。双方应以今年召开中阿合作论坛第九届部长级会议为契机，做好政治筹备，努力将会议办好、办出实效，就国际和地区形势的最新发展发出共同声音。中方感谢阿盟在涉疆等问题上对中国的坚定支持。盖特表示，阿盟高度重视发展对华关系。阿中合作论坛第八届部长级会议取得重要成果，阿盟愿同中方共同办好第九届部长级会议。阿方充分理解中方在涉疆问题上的立场，反对干涉中国的内政。阿方赞赏中方在解决中东各种热点问题上秉持的公正立场和发挥的建设性作用，感谢中方一贯坚定支持阿拉伯人民特别是巴勒斯坦人民争取合法权益的正义事业。

7月4日，在中阿合作论坛第九届部长级会议召开之际，阿盟秘书长盖特在《人民日报》2020年7月4日第3版发表题为《深化战略伙伴关系，携手应对全球挑战》的署名文章。文章指出，在全球遭受新冠肺炎疫情冲击的背景之下，阿中双方能够按既定会期召开会议，充分体现了牢不可破的阿中关系，也体现了阿盟对发展和深化阿中战略伙伴关系的重视。成立于2004年的阿中合作论坛是阿中友好交往史上的一座里程碑，是阿盟同世界各国和国际伙伴之间设立的最重要、最成功的合作论坛之一，已经成为推动阿中关系发展的重要平台。中国是阿拉伯国家在国际社会最重要的伙伴之一。因此，双方在应对当前挑战、抵御传染性疾病、气候变化等全球性风险方面加强协作具有重大意义。阿盟愿在阿中合作论坛现有机制和框架下，全力发展对华关系，造福阿中双方人民。

7月6日，中阿合作论坛第九届部长级会议以视频连线形式举行。中国国家主席习近平向会议致贺信。中国国务委员兼外交部长王毅、约旦外交与侨务大臣萨法迪共同主持会议。阿盟所有成员国的外长和部长级官员以及阿盟秘书长盖特与会。王毅首先宣读了中国国家主席习近平的贺信。习近平强调，2018年，我在中阿合作论坛第八届部长级会议开幕式上宣布中阿双方建立战略伙伴关系，倡议打造中阿命运共同体，共同推动构建人类命运共同体，得到阿拉伯国家热情响应。两年来，中阿双方加强战略协调和行动对接，全面合作、共同发展、面向未来的中阿战略伙伴关系得到深化。习近平指出，新冠肺炎疫情发生以来，中国和阿拉伯国家风雨同舟、守望相助，坚定相互支持，开展密切合作，这是中阿命运与共的生动写照。当前形势下，中阿双方比以往任何时候都更需要加强合作、共克时艰、携手前行。希望双方以此次会议召开为契机，加强战略沟通协调，稳步推进抗疫等各领域合作，推动中阿命运共同体建设不断走深走实，更好造福中阿双方人民。

王毅表示，中国同阿拉伯国家在抗击新冠肺炎疫情过程中，风雨同舟、守望相助，这是中阿命运与共的生动写照。在上届部长级会议开幕式上，习近平主席宣布中阿建立全面合作、共同发展、面向未来的战略伙伴关系，并提议中阿打造命运共同体。两年来，中阿高层交往密切，各领域合作全面推进，战略伙伴关系建设硕果累累，中阿命运共同体正在生根发芽。面对疫情带来的全球挑战，面对世界百年未有之大变局，中阿双方应以更宽广的国际视野把握双方关系的战略走向，以更紧迫的历史自觉推进双方的战略合作，将中阿命运共同体建设落到实处，为建设人类命运共同体作出不懈努力。

中阿双方在会上一致同意召开中国—阿拉伯国家峰会（以下简称"中阿峰会"），并就打造中阿命运共同体、在涉及彼此核心利益问题上相互支持、推动共建"一带一路"、加强抗疫和复工复产合作等达成重要共识。会议发表《中国和阿拉伯国家团结抗击新冠肺炎疫情联合声明》《中国—阿拉伯国家合作论坛第九届部长级会议安曼宣言》和《中国—阿拉伯国家合作论坛2020年至2022年行动执行计划》等3份成果文件。

11月24日，第四届中阿新闻合作论坛以视频连线形式举行。论坛主题为"新冠肺炎疫情下媒体在加强中阿共同发展中的责任"，中国和阿盟成员国的新闻主管部门代表、主要媒体负责人约60人与会。中阿双方就加强新闻领域务实合作达成广泛共识，发表《第四届中阿新闻合作论坛视频会议公报》。

2021年

4月6日，中阿合作论坛第九届企业家大会暨第七届投资研讨会在北京举行。会议以"携手推进面向未来的中阿经贸合作"为主题，中阿政府官员、工商界人士及有关国际和地区组织代表约800人现场或线上参会。

6月22日，中阿合作论坛第十七次高官会和第六次高官级战略政治对话以视频连线形式举行。中国外交部部长助理邓励出席会议开幕式并致辞。会议由论坛中方秘书处秘书长、中国外交部西亚北非司司长王镝和阿方主席、卡塔尔驻阿盟代表易卜拉欣共同主持，21个阿拉伯国家和阿盟秘书处官员及阿拉伯国家驻华使节与会。会议总结第九届部长级会议成果落实进展，讨论中阿峰会筹备及下阶段工作计划，就双方共同关心的国际和地区问题交换意见。

7月18日，中国国务委员兼外交部长王毅在访问埃及期间会见阿盟秘书长盖特。王毅表示，中方支持阿拉伯国家走团结自强道路，把命运掌握在自己手里，支持阿盟为推动地区和平稳定，政治解决热点问题发挥更大作用。近年来，中阿双方以中阿合作论坛为平台，推动中阿关系不断向前发展。双方达成"努力携手打造面向新时代的中阿命运共同体"的共识，一致同意召开首届中阿峰会，为中阿战略伙伴关系发展注入强大动力。中方愿同阿拉伯国家通力合作，积极落实中阿合作论坛第九届部长级会议成果，携手打造中阿命运共同体。盖特祝贺中国共产党成立100周年，高度评价中国共产党领导中国人民取得的历史性成就。盖特表示，阿中关系十分强劲，阿盟希同中方进一步强化双方关系。感谢中方向阿盟提供抗疫物资援助。阿盟赞赏中方在地区问题上秉持的正义立场，支持中方就地区形势和热点问题提出的各项倡议，愿同中方密切沟通，确保首届阿中峰会成功召开。双方还就共同关心的国际和地区问题深入交换意见。双方发表《中华人民共和国外交部同阿拉伯国家联盟秘书处联合声明》，这是阿盟秘书长首次同来访的域外国家外交部长发表联合声明。

8月19日，第四届中阿技术转移与创新合作大会在宁夏银川举行。中国和阿拉伯国家及共建"一带一路"国家科技主管部门、科研机构、高校、技术转移机构及企业代表共2500余人以线上或线下方式参会。会议发布10项主推技术成果，签约18项重点合作项目。

9月1日，第四届中阿图书馆与信息领域专家会议在浙江杭州以视频连线形式举行。会议主题为"疫情常态化条件下图书馆的区域性交流与合作"，中国和11个阿拉伯国家及阿盟秘书处共40余名馆长、官员、专家以线上方式参会。中阿双方就"中阿图书馆线上服务的机遇与挑战""中阿图书馆运营管理新特点与新模式"等议题进行深入研讨。会议发布《闭幕公报》。

9月14日，第九届中阿关系暨中阿文明对话研讨会以视频连线形式举行。研讨会主题为"共建中阿命运共同体背景下的中阿文明交流"，中国外交部、文化和旅游部、国家广电总局、全国对外友协、知名学术研究机构以及21个阿拉伯国家和阿盟秘书处共约40名代表和专家学者与会。中阿双方就"倡导包容团结，尊重各国独特文明和社会制度""加强中阿两大古老文明对话""深化文明交流互鉴，促进'一带一路'民心相通"等3个议题进行深入讨论。会议通过《最终报告》。

12月6日，第五届中阿广播电视合作论坛以线上线下相结合形式在北京主会场、浙江杭州分会场举行。论坛通过《第五届中国—阿拉伯国家广播电视合作论坛共同宣言》，提出"坚持合作互信、坚守媒体责任、坚定创新引领"3点倡议，发布4项合作成果。

12月8日，第三届中阿北斗合作论坛以线上线下相结合形式在北京举行。论坛主题为"应用北斗、共享共赢"，中国国家网信办、教育部、工业和信息化部等部门代表，科研院所、协会代表和阿盟、阿拉伯民航组织、阿拉伯农业发展组织、阿拉伯科技与海运学院代表，以及17个阿拉伯国家的政府部门、企业、高校等代表共300余人与会。中阿双方共同签署《中国—阿拉伯国家卫星导航领域合作行动计划（2022—2023年）》《开展北斗中轨搜救服务及返向链路服务联合测试合作意向书》，联合发布《中阿联合北斗测试评价结果》。

2022年

7月21日，第四届中阿妇女论坛在北京举行。论坛主题为"妇女教育与科技创新"，全国妇联、中国外交部等部门代表和阿拉伯国家驻华大使、驻华使馆代表与会。论坛就"当代中国和阿拉伯国家妇女作为开拓者和创新者，在相互合作中共创繁荣"等议题进行深入研讨。

9月8日，第三届中阿改革发展论坛以视频连线形式在上海举行。论坛以"中阿携手推进全球发展倡议"为主题，中国和11个阿拉伯国家的共20余位专家学者与会。中阿双方就"加强发展战略对接，携手推进全球发展倡议""坚持创新驱动，实现强劲、绿色、健康的发展"等议题进行深入研讨。

11月1日，中国国家主席习近平向阿拉伯国家联盟首脑理事会会议轮值主席阿尔及利亚总统特本致贺信，祝贺第31届阿拉伯国家联盟首脑理事会会议在阿尔及尔召开。习近平指出，阿盟致力推动阿拉伯世界联合自强，积极促进中东地区和平稳定，为维护多边主义、维护发展中国家共同利益作出了不懈努力。阿尔及利亚长期致力于加强阿拉伯国家团结，积极维护发展中国家合法权益，重视中国同阿拉伯国家集体合作，我对此表示赞赏。习近平强调，中国同包括阿尔及利亚在内的阿拉伯国家友谊历久弥坚。近年来，双方政治互信日益巩固，共建"一带一路"走深走实，各领域务实合作成果丰硕。面对新冠肺炎疫情，中阿守望相助、共克时艰，树立了南南合作典范。中方愿同阿拉伯国家一道，继续坚定相互支持，扩大合作，携手打造面向新时代的中阿命运共同体，共同创造中阿关系的美好未来，为促进世界和平与发展贡献力量。

11月30日，第三届中阿城市论坛以视频连线形式举行。中国25个省市外办（友协）和阿拉伯国家41个省市负责人，以及阿拉伯国家驻华使节、中阿企业界和学术界代表等100余人与会。中阿双方围绕数字技术、智慧城市、环境治理、可持续发展、产业优化和友城合作等议题进行深入交流。会议通过《第三届中国阿拉伯城市论坛宣言》。

12月8日，在抵达沙特利雅得出席首届中阿峰会、中国—海湾阿拉伯国家合作委员会峰会并对沙特进行国事访问之际，中国国家主席习近平在沙特《利雅得报》发表题为《传承千年友好，共创美好未来》的署名文章。习近平表示，当今世界正经历百年未有之大变局，中国和阿拉伯国家都面临实现民族振兴、加快国家发展的历史任务。新形势下，中国将同阿拉伯国家传承友好精神，携手构建面向新时代的中阿命运共同体。中国将同阿拉伯国家继续高举不干涉内政旗帜，坚定支持对方维护主权和领土完整，共同维护国际公平正义。继续合作共建"一带一路"，不断扩大粮食、能源、投融资、医疗等领域务实合作，实现更高质量、更深层次的互利共赢。继续携手落实全球发展倡议和全球安全倡议，给变乱交织的地区注入更多稳定性，为和平与发展事业增添更多正能量。继续共同弘扬和平、发展、公平、正义、民主、自由的全人类共同价值，以文明交流超越文明隔阂、以文明互鉴超越文明冲突，促进人民相知相亲，共建美美与共的文明百花园。

12月9日，首届中阿峰会在沙特利雅得阿卜杜勒阿齐兹国王国际会议中心举行。中国国家主席习近平在会上发表题为《弘扬中阿友好精神　携手构建面向新时代的中阿命运共同体》的主旨讲话。习近平指出，中国和阿拉伯国家友好交往源远流长，在丝绸古道中相知相交，在民族解放斗争中患难与共，在经济全球化浪潮中合作共赢，在国际风云变幻中坚守道义，凝聚成"守望相助、平等互利、包容互鉴"的中阿友好精神。当前，世界进入新的动荡变革期，中东地区正在发生新的深刻变化。阿拉伯人民要求和平与发展的愿望更加迫切，追求公平正义的呼声更加强烈。中阿作为战略伙伴，要继承和发扬中阿友好精神，加强团结合作，构建更加紧密的中阿命运共同体，更好造福双方人民，促进人类进步事业。习近平最后指出，中国共产党第二十次全国代表大会明确了以中国式现代化全面推进中华民族伟大复兴的任务和路径。中方将坚持维护世界和平，促进共同发展，推动构建人类命运共同体，以中国新发展为包括阿拉伯国家在内的各国提供新机遇。

沙特王储兼首相穆罕默德、埃及总统塞西、约旦国王阿卜杜拉二世、巴林国王哈马德、科威特王储米沙勒、突尼斯总统赛义德、吉布提总统盖莱、巴勒斯坦总统阿巴斯、卡塔尔埃米尔塔米姆、科摩罗总统阿扎利、毛里塔尼亚总统加兹瓦尼、伊拉克总理苏达尼、摩洛哥首相阿赫努什、阿尔及利亚总理阿卜杜拉赫曼、黎巴嫩总理米卡提等21个阿拉伯国家领导人以及阿盟秘书长盖特等国际组织负责人出席峰会。中阿双方发表《首届中阿峰会利雅得宣言》，一致同意全力构建面向新时代的中阿命运共同体。峰会发表《中华人民共和国和阿拉伯国家全面合作规划纲要》和《深化面向和平与发展的中阿战略伙伴关系文件》。

12月19日至20日，第五届阿拉伯艺术节在江西景德镇举行，中国国家主席习近平致贺信。习近平指出，中国和阿拉伯国家友谊源远流长，历久弥坚。从开辟古代丝绸之路到共建"一带一路"，中阿携手同行，人文交流合作硕果累累。习近平强调，希望中阿双方以本届阿拉伯艺术节为契机，落实首届中阿峰会成果，弘扬丝路精神、增进传统友谊、密切人文交流，为深化中阿战略伙伴关系注入持久推动力，为构建面向新时代的中阿命运共同体贡献力量。本届艺术节举办论坛、专场演出、非遗展演、中国古代外销瓷特展、风情创意市集等活动，中阿艺术家开展深入文化交流。

2023年

5月19日，中国国家主席习近平向阿拉伯国家联盟首脑理事会会议轮值主席沙特国王萨勒曼致贺信，祝贺第32届阿拉伯国家联盟首脑理事会会议在沙特吉达召开。习近平指出，阿盟长期致力推动阿拉伯世界联合自强，促进中东地区和平、稳定与发展。我很高兴看到，阿拉伯国家在团结自强道路上持续迈出新步伐，取得新成果。沙特是多极化世界中的重要力量，为加强阿拉伯国家团结协作、维护中东地区和平稳定作出积极贡献，我对此表示赞赏。习近平强调，中阿传统友好情谊跨越千年、历久弥坚。近年来，双方战略伙伴关系不断发展，取得丰硕成果，成为南南合作、互利共赢的典范。2022年12月，首届中阿峰会在利雅得成功召开，中阿领导人一致同意全力构建面向新时代的中阿命运共同体，加强中阿团结协作，助力各自民族复兴，促进地区和平发展，维护国际公平正义，这是中阿关系发展划时代的里程碑。着眼未来，中方愿同阿拉伯国家一道，弘扬中阿友好精神，落实好首届中阿峰会成果，打造更高水平的中阿战略伙伴关系，续写中阿友谊新篇章。

5月29日，中阿合作论坛第十八次高官会在四川成都举行。论坛中方秘书处秘书长、中国外交部西亚北非司司长王镝，中国外交部中阿合作论坛事务大使李琛，中宣部、教育部、科技部等16家中方部门代表及阿方主席、埃及常驻阿盟代表穆罕默德，阿盟助理秘书长哈立德和22个阿拉伯国家和阿盟秘书处主管官员与会。会议总结了首届中阿峰会和中阿合作论坛第九届部长级会议以来各项工作进展情况，就落实中阿峰会成果、推进中阿各领域务实合作、加强论坛建设等进行深入交流，并就下阶段工作举措提出建议。同日，中阿双方还举行第七次高官级战略政治对话，就共同关心的国际和地区问题深入交换意见。

6月11日至12日，中阿合作论坛第十届企业家大会暨第八届投资研讨会在沙特利雅得举行。沙特外交大臣费萨尔、阿盟秘书长盖特、沙特投资大臣法利赫等出席大会开幕式并发表主旨演讲。会议主题为"中阿携手、共创繁荣"，中国和20余个阿拉伯国家的共3500余名代表与会。中阿双方围绕贸易、金融、基础设施、能源、绿色产业等议题展开交流研讨。

8月25日至31日，阿拉伯议会议长欧舒米应中国全国人大常委会委员长赵乐际邀请率团访华。8月28日，赵乐际在北京人民大会堂同欧舒米举行会谈。赵乐际表示，在习近平主席和阿拉伯国家领导人战略引领下，中阿关系实现跨越式发展。中方愿同阿方一道，落实首届中阿峰会成果，弘扬守望相助、平等互利、包容互鉴的中阿友好精神，全力构建面向新时代的中阿命运共同体。中国全国人大与阿拉伯议会正式建立交流机制，将为促进中阿关系发展注入新动力。希望增进双方各层级交往，拓展立法机构合作的广度和深度，不断丰富中阿命运共同体的时代内涵。欧舒米表示，阿拉伯国家坚定恪守一个中国原则，支持"一带一路"倡议和全球发展倡议、全球安全倡议、全球文明倡议。希不断巩固阿中友好互信，推动互利合作。阿议会愿加强同中国全国人大交流，为促进阿中关系发展、增进文明互鉴作出立法机构积极贡献。会谈后，赵乐际与欧舒米共同签署了中国全国人大与阿拉伯议会建立交流机制的谅解备忘录。

8月29日，中共中央政治局委员、中央外事工作委员会办公室主任王毅在北京会见阿拉伯议会议长欧舒米。王毅表示，首届中阿峰会在沙特成功召开，成为中阿关系的重要里程碑。中方愿继续同阿方坚定相互支持，加强治国理政经验交流，深化各领域务实合作，密切文明交流互鉴，推动中阿合作论坛建设，使双方人民成为相知相交的好朋友。期待阿拉伯议会作为阿拉伯民意代表机构，为此作出更大贡献。欧舒米表示，阿中关系正处于黄金时期。阿方视中方为可信赖的真诚战略伙伴。阿拉伯议会坚定支持中国维护国家统一和领土完整，高度赞赏并拥护习近平主席提出的系列重要倡议。阿拉伯议会愿推动阿拉伯国家学习借鉴中国在减贫等领域的治国理政经验，推动阿中关系再上新台阶。

9月19日至21日，第七届中阿能源合作大会在海南海口举行。会议以"秉承高质量高标准可持续，开创中阿能源合作黄金期"为主题，中国和阿拉伯国家有关政府机构、国际和地区组织、学术研究机构和能源公司代表与会。大会发布《中阿能源合作回顾与展望》，通过《第七届中阿能源合作大会闭幕公报》。

9月21日，第五届中阿技术转移与创新合作大会在宁夏银川举行。会议主题为"中阿科技合作　共享创新未来"，中阿双方500余名代表与会。大会以视频形式面向阿拉伯国家发布300项先进适用技术，8个中阿科技合作与技术转移重点项目进行集中签约。

9月26日，第四届中阿改革发展论坛在上海举行。论坛以"落实首届中阿峰会成果，全力构建面向新时代的中阿命运共同体"为主题，中国和18个阿拉伯国家及阿盟的约120位专家学者与会。中阿双方就"高质量共建'一带一路'，推动中阿合作提质升级""落实全球发展倡议，探索独立自主的现代化道路"等议题进行深入研讨。

10月24日至25日，第十届中阿关系暨中阿文明对话研讨会在阿联酋阿布扎比举行。中国外交部、文化和旅游部、国务院新闻办公室以及18个阿拉伯国家和阿盟的约80名代表与会。中阿双方就"加强文明交流，实现和平共处""尊重多元文化与民族特性，筑牢人类兄弟情谊""开展文明对话，助力人类社会发展繁荣""呼吁和平对话，夯实和平稳定根基"等议题进行深入研讨。

10月25日，第四届中阿北斗合作论坛在埃及亚历山大举行。中国外交部、国家发展和改革委员会、阿盟和阿拉伯国家负责交通运输的官员与会。中阿双方就北斗在交通运输、油气安全、交通铁路建设等领域的应用进行深入研讨。

11月30日，中阿合作论坛框架内首届中阿青年发展论坛在海南海口举行。论坛主题为"加强中阿青年伙伴关系，推动构建开放型世界经济"，中国和22个阿拉伯国家的外交官、中阿双方各领域青年代表等200余人与会。中阿双方就"粮食安全与生产""科技创新驱动绿色发展"等议题进行深入研讨。

12月5日至6日，第五届中阿图书馆与信息领域专家会议在沙特利雅得举行。会议主题为"信息环境变化下的图书馆服务转型"，12家中方机构、10个阿拉伯国家和阿盟秘书处的约40名馆长、专家、官员与会。中阿双方就"当下图书馆的使命担当与信息领域的合作与发展"进行深入研讨。

12月9日至11日，第六届中阿广播电视合作论坛在浙江杭州举行。论坛主题为"传承中阿友谊·共享视听发展"，中国和15个阿拉伯国家的广电主管部门、媒体机构、视听企业以及阿盟、阿拉伯国家广播联盟的300余名代表与会。会议通过《第六届中国—阿拉伯国家广播电视合作论坛共同宣言》。

2024 年

1月14日，中共中央政治局委员、外交部长王毅在埃及开罗会见阿盟秘书长盖特。王毅表示，首届中阿峰会成功召开，习近平主席同阿拉伯国家领导人达成重要共识，引领中阿关系进入历史最好时期。一年多来，双方扎实有力推进中阿峰会成果落实。2024年是中阿合作论坛成立二十周年。二十年来，论坛为促进中阿关系发展作出重要贡献，已成为中阿集体合作的"金字品牌"。中阿合作论坛第十届部长级会议预定年内在中国举办，中方愿同阿方加强沟通协调，筹备并办好会议，为中阿关系开辟新前景、注入新动力。中方支持阿盟为地区和世界和平稳定发挥更大作用，愿同阿方一道，推动中阿命运共同体建设走深走实。盖特表示，首届中阿峰会意义重大，引发积极反响。阿方将继续落实峰会成果和领导人重要共识，以新一届部长级会议为契机，深化各领域合作。阿盟坚定支持一个中国原则，支持"一国两制"，反对在人权、涉疆问题上搞"双重标准"，反对干涉中国内政。阿盟高度赞赏中方在巴勒斯坦问题上主持公道，为停火止暴、局势降温、保护平民作出重要贡献，相信中方将继续发挥不可或缺作用。会谈后，双方签署关于建立中阿智库联盟的合作文件，并发表了《中华人民共和国外交部和阿拉伯国家联盟秘书处关于巴以冲突的联合声明》。

附 录

中阿合作论坛框架内达成的各类成果文件、重要讲话一览

● 《关于成立"中国—阿拉伯国家合作论坛"的公报》（2004年1月30日）

● 《中国—阿拉伯国家合作论坛宣言》（2004年9月14日）

● 《中国—阿拉伯国家合作论坛行动计划》（2004年9月14日）

● 中阿合作论坛首届部长级会议新闻公报（2004年9月14日）

● 中阿合作论坛第二次高官会《会议纪要》（2005年6月14日至15日）

● 首届中阿关系暨中阿文明对话研讨会《总结报告》（2005年12月12日至13日）

● 《中国—阿拉伯国家合作论坛第二届部长级会议公报》（2006年5月31日至6月1日）

● 《中国—阿拉伯国家合作论坛2006年至2008年行动执行计划》（2006年5月31日至6月1日）

● 《中华人民共和国政府和阿拉伯国家联盟环境保护合作联合公报》（2006年5月31日至6月1日）

● 《关于建立中国—阿拉伯国家合作论坛企业家大会合作机制的谅解备忘录》（2006年5月31日至6月1日）

● 首届中阿友好大会《中阿民间友好宣言》（2006年11月28日至29日）

● 中阿合作论坛第二届企业家大会《安曼宣言》（2007年6月18日至19日）

● 中阿合作论坛第四次高官会《成果文件》（2007年7月4日至5日）

● 第二届中阿关系暨中阿文明对话研讨会《最终报告》（2007年12月1日至3日）

● 《第一届中国—阿拉伯能源合作大会联合声明》（2008年1月9日至11日）

● 首届中阿新闻合作论坛《中阿新闻合作论坛公报》（2008年4月23日至24日）

● 《中国与阿盟成员国新闻友好合作交流谅解备忘录》（2008年4月23日至24日）

● 《中国—阿拉伯国家合作论坛第三届部长级会议公报》（2008年5月21日至22日）

● 《中国—阿拉伯国家合作论坛2008年至2010年行动执行计划》（2008年5月21日至22日）

● 《中华人民共和国政府和阿拉伯国家联盟环境保护合作联合公报》（2008年5月21日至22日）

● 《阿拉伯国家联盟秘书处与中国国际贸易促进委员会关于投资研讨会机制的谅解备忘录》（2008年5月21日至22日）

● 第二届中阿友好大会《2008—2010年中阿民间行动计划》（2008年10月28日至29日）

● 第二届中阿友好大会《新闻公报》（2008年10月28日至29日）

● 中阿合作论坛第三届企业家大会暨首届投资研讨会《会议纪要》（2009年4月21日至22日）

- 第三届中阿关系暨中阿文明对话研讨会《成果文件》（2009年5月11日至12日）
- 中阿合作论坛第六次高官会《成果文件》（2009年6月23日至24日）
- 《尊重文明的多样性》（中国国务院总理温家宝访问阿盟总部时发表的重要演讲，2009年11月7日）
- 《中国国家能源局和阿拉伯国家联盟关于中阿能源合作机制的谅解备忘录》（2010年1月26日至28日）
- 《第二届中阿能源合作大会闭幕公报》（2010年1月26日至28日）
- 《第二届中阿新闻合作论坛联合公报》（2010年5月6日至7日）
- 《深化全面合作　实现共同发展》（中国国务院总理温家宝出席中阿合作论坛第四届部长级会议开幕式时发表的重要演讲，2010年5月13日）
- 《中国—阿拉伯国家合作论坛关于中阿双方建立战略合作关系的天津宣言》（2010年5月13日至14日）
- 《中国—阿拉伯国家合作论坛第四届部长级会议公报》（2010年5月13日至14日）
- 《中国—阿拉伯国家合作论坛2010年至2012年行动执行计划》（2010年5月13日至14日）
- 第三届中阿友好大会《新闻公报》（2010年10月23日至26日）
- 第三届中阿友好大会《2010—2012年中阿民间行动计划》（2010年10月23日至26日）
- 中阿合作论坛第八次高官会《成果文件》（2011年5月22日至23日）
- 《中国—阿拉伯国家广播电视合作论坛银川宣言》（2011年9月

22 日）

● 第四届中阿关系暨中阿文明对话研讨会《最终报告》（2011 年 12 月 27 日至 28 日）

● 《共创中阿合作的美好未来》（中国国务院总理温家宝在出席中阿合作论坛第四届企业家大会暨第二届投资研讨会时发表的主旨演讲，2012 年 1 月 18 日）

● 《第三届中国—阿拉伯国家新闻合作论坛公报》（2012 年 4 月 24 日至 25 日）

● 《中国—阿拉伯国家合作论坛第五届部长级会议公报》（2012 年 5 月 31 日）

● 《中国—阿拉伯国家合作论坛 2012 年至 2014 年行动执行计划》（2012 年 5 月 31 日）

● 第四届中阿友好大会《新闻公报》（2012 年 9 月 13 日至 14 日）

● 第四届中阿友好大会《2012—2014 年中阿民间行动计划》（2012 年 9 月 13 日至 14 日）

● 第三届中阿能源合作大会《联合声明》（2012 年 9 月 16 日至 17 日）

● 中阿合作论坛第十次高官会《成果文件》（2013 年 5 月 29 日）

● 第五届中阿关系暨中阿文明对话研讨会《最终报告》（2013 年 6 月 27 日至 28 日）

● 《2013 中国—阿拉伯国家广播电视合作论坛纪要》（2013 年 9 月 13 日至 16 日）

● 中阿合作论坛第五届企业家大会暨第三届投资研讨会《会议纪要》（2013 年 12 月 9 日）

● **《弘扬丝路精神，深化中阿合作》（中国国家主席习近平在出席中阿合作论坛第六届部长级会议开幕式时发表的重要讲话，2014 年 6 月 5 日）**

● 《中国—阿拉伯国家合作论坛第六届部长级会议北京宣言》（2014年6月5日）

● 《中国—阿拉伯国家合作论坛2014年至2024年发展规划》（2014年6月5日）

● 《中国—阿拉伯国家合作论坛2014年至2016年行动执行计划》（2014年6月5日）

● 《首届中国阿拉伯城市论坛宣言》（2014年6月17日至18日）

● **中国国家主席习近平向中国—阿拉伯国家友好年暨第三届阿拉伯艺术节开幕式致贺信（2014年9月10日）**

● 中阿合作论坛第十二次高官会《成果文件》（2015年6月10日）

● 首届中阿卫生合作论坛《银川宣言》（2015年9月11日）

● 第六届中阿关系暨中阿文明对话研讨会《最终报告》（2015年11月10日至11日）

● **《共同开创中阿关系的美好未来》（中国国家主席习近平访问阿盟总部时发表的重要演讲，2016年1月21日）**

● **中国国家主席习近平向中阿合作论坛第七届部长级会议致贺信（2016年5月12日）**

● 《中国—阿拉伯国家合作论坛第七届部长级会议多哈宣言》（2016年5月12日）

● 《中国—阿拉伯国家合作论坛2016年至2018年行动执行计划》（2016年5月12日）

● 第五届中阿能源合作大会《闭幕公报》（2016年10月25日）

● 中阿合作论坛第十四次高官会《成果文件》（2017年5月22日至23日）

● 《第一届中阿北斗合作论坛声明》（2017年5月24日）

● 第七届中阿关系暨中阿文明对话研讨会《最终报告》（2017年

8月15日至16日）

● 中阿合作论坛第七届企业家大会暨第五届投资研讨会《银川宣言》（2017年9月6日至9日）

● 《第五届中阿友好大会宣言》（2017年11月6日至7日）

● **《携手推进新时代中阿战略伙伴关系》（中国国家主席习近平在出席中阿合作论坛第八届部长级会议开幕式时发表的重要讲话，2018年7月10日）**

● 《中国—阿拉伯国家合作论坛第八届部长级会议北京宣言》（2018年7月10日）

● 《中国—阿拉伯国家合作论坛2018年至2020年行动执行计划》（2018年7月10日）

● 《中国和阿拉伯国家合作共建"一带一路"行动宣言》（2018年7月10日）

● **中国国家主席习近平向第四届阿拉伯艺术节闭幕式致贺信（2018年10月25日）**

● **中国国家主席习近平向第30届阿拉伯国家联盟首脑理事会会议致贺电（2019年3月31日）**

● 《第二届中阿北斗合作论坛声明》（2019年4月1日至2日）

● 《中阿联合北斗测试评价结果》（2019年4月1日至2日）

● 中阿合作论坛第八届企业家大会暨第六届投资研讨会《突尼斯宣言》（2019年4月2日至3日）

● 中阿合作论坛第十六次高官会《成果文件》（2019年6月18日）

● 《中国—阿拉伯国家卫生合作2019北京倡议》（2019年8月16日）

● **中国国家主席习近平向第四届中阿广播电视合作论坛致贺信（2019年10月17日）**

● 《中国—阿拉伯国家广播电视合作论坛杭州宣言》（2019年10月17日）

● 第八届中阿关系暨中阿文明对话研讨会《最终报告》（2019年12月17日至18日）

● **中国国家主席习近平向中阿合作论坛第九届部长级会议致贺信（2020年7月6日）**

● 《中国和阿拉伯国家团结抗击新冠肺炎疫情联合声明》（2020年7月6日）

● 《中国—阿拉伯国家合作论坛第九届部长级会议安曼宣言》（2020年7月6日）

● 《中国—阿拉伯国家合作论坛2020年至2022年行动执行计划》（2020年7月6日）

● 《第四届中阿新闻合作论坛视频会议公报》（2020年11月24日）

● 《中华人民共和国外交部同阿拉伯国家联盟秘书处联合声明》（2021年7月18日）

● 第四届中阿图书馆及信息领域专家会议《闭幕公报》（2021年9月1日）

● 第九届中阿关系暨中阿文明对话研讨会《最终报告》（2021年9月14日）

● 《第五届中国—阿拉伯国家广播电视合作论坛共同宣言》（2021年12月6日）

● 《中国—阿拉伯国家卫星导航领域合作行动计划（2022—2023年）》（2021年12月8日）

● 《开展北斗中轨搜救服务及返向链路服务联合测试合作意向书》（2021年12月8日）

● 《中阿联合北斗测试评价结果》（2021年12月8日）

● 中国国家主席习近平向第31届阿拉伯国家联盟首脑理事会会议致贺信（2022年11月1日）

● 《第三届中国阿拉伯城市论坛宣言》（2022年11月30日）

● 《传承千年友好，共创美好未来》（中国国家主席习近平在沙特《利雅得报》发表的署名文章，2022年12月8日）

● 《弘扬中阿友好精神　携手构建面向新时代的中阿命运共同体》（中国国家主席习近平在出席首届中阿峰会时发表的主旨讲话，2022年12月9日）

● 《首届中阿峰会利雅得宣言》（2022年12月9日）

● 《中华人民共和国和阿拉伯国家全面合作规划纲要》（2022年12月9日）

● 《深化面向和平与发展的中阿战略伙伴关系文件》（2022年12月9日）

● 中国国家主席习近平向第五届阿拉伯艺术节致贺信（2022年12月19日至20日）

● 中国国家主席习近平向第32届阿拉伯国家联盟首脑理事会会议致贺信（2023年5月19日）

● 《中阿能源合作回顾与展望》（2023年9月19日至21日）

● 《第七届中阿能源合作大会闭幕公报》（2023年9月19日至21日）

● 《第六届中国—阿拉伯国家广播电视合作论坛共同宣言》（2023年12月10日）

● 中华人民共和国外交部和阿拉伯国家联盟秘书处关于建立中阿智库联盟的合作文件（2024年1月14日）

● 《中华人民共和国外交部和阿拉伯国家联盟秘书处关于巴以冲突的联合声明》（2024年1月14日）

附　表

中阿合作论坛框架内19项机制性活动一览

序号	活动名称	时间	地点
1	中阿合作论坛 首届部长级会议	2004年9月14日	开罗（埃及）
	中阿合作论坛 第二届部长级会议	2006年5月31日 至6月1日	北京
	中阿合作论坛 第三届部长级会议	2008年5月21日 至22日	麦纳麦（巴林）
	中阿合作论坛 第四届部长级会议	2010年5月13日 至14日	天津
	中阿合作论坛 第五届部长级会议	2012年5月31日	哈马迈特（突尼斯）
	中阿合作论坛 第六届部长级会议	2014年6月5日	北京
	中阿合作论坛 第七届部长级会议	2016年5月12日	多哈（卡塔尔）
	中阿合作论坛 第八届部长级会议	2018年7月10日	北京
	中阿合作论坛 第九届部长级会议	2020年7月6日	线上视频会
2	中阿合作论坛 首次高官会	2004年9月13日	开罗（埃及）
	中阿合作论坛 第二次高官会	2005年6月14日 至15日	北京

续表

序号	活动名称	时间	地点
2	中阿合作论坛 第三次高官会	2006年5月29日	北京
	中阿合作论坛 第四次高官会	2007年7月4日 至5日	开罗（埃及）
	中阿合作论坛 第五次高官会	2008年5月20日	麦纳麦（巴林）
	中阿合作论坛 第六次高官会	2009年6月23日 至24日	北京
	中阿合作论坛 第七次高官会	2010年5月11日	北京
	中阿合作论坛 第八次高官会	2011年5月22日 至23日	多哈（卡塔尔）
	中阿合作论坛 第九次高官会	2012年5月29日 至30日	哈马迈特（突尼斯）
	中阿合作论坛 第十次高官会	2013年5月29日	北京
	中阿合作论坛 第十一次高官会	2014年6月4日	北京
	中阿合作论坛 第十二次高官会	2015年6月10日	开罗（埃及）
	中阿合作论坛 第十三次高官会	2016年5月11日	多哈（卡塔尔）
	中阿合作论坛 第十四次高官会	2017年5月22日 至23日	北京
	中阿合作论坛 第十五次高官会	2018年7月9日	北京
	中阿合作论坛 第十六次高官会	2019年6月18日	阿布扎比（阿联酋）
	中阿合作论坛 第十七次高官会	2021年6月22日	线上视频会
	中阿合作论坛 第十八次高官会	2023年5月29日	四川成都

续表

序号	活动名称	时间	地点
3	中阿合作论坛首次高官级战略政治对话	2015年6月9日	开罗（埃及）
	中阿合作论坛第二次高官级战略政治对话	2016年5月11日	多哈（卡塔尔）
	中阿合作论坛第三次高官级战略政治对话	2017年5月22日	北京
	中阿合作论坛第四次高官级战略政治对话	2018年7月9日	北京
	中阿合作论坛第五次高官级战略政治对话	2019年6月18日	阿布扎比（阿联酋）
	中阿合作论坛第六次高官级战略政治对话	2021年6月22日	线上视频会
	中阿合作论坛第七次高官级战略政治对话	2023年5月29日	四川成都
4	首届中阿关系暨中阿文明对话研讨会	2005年12月12日至13日	北京
	第二届中阿关系暨中阿文明对话研讨会	2007年12月1日至3日	利雅得（沙特）
	第三届中阿关系暨中阿文明对话研讨会	2009年5月11日至12日	突尼斯市（突尼斯）
	第四届中阿关系暨中阿文明对话研讨会	2011年12月27日至28日	阿布扎比（阿联酋）
	第五届中阿关系暨中阿文明对话研讨会	2013年6月27日至28日	新疆乌鲁木齐
	第六届中阿关系暨中阿文明对话研讨会	2015年11月10日至11日	多哈（卡塔尔）
	第七届中阿关系暨中阿文明对话研讨会——中阿文明对话暨去极端化圆桌会议	2017年8月15日至16日	四川成都
	第八届中阿关系暨中阿文明对话研讨会	2019年12月17日至18日	拉巴特（摩洛哥）
	第九届中阿关系暨中阿文明对话研讨会	2021年9月14日	线上视频会

续表

序号	活动名称	时间	地点
4	第十届中阿关系暨中阿文明对话研讨会	2023年10月24日至25日	阿布扎比（阿联酋）
5	首届中阿改革发展论坛	2018年4月23日	北京
	第二届中阿改革发展论坛	2019年4月16日	上海
	第三届中阿改革发展论坛	2022年9月8日	上海（线上线下相结合）
	第四届中阿改革发展论坛	2023年9月26日	上海
6	中阿合作论坛首届企业家大会	2005年4月12日至13日	北京
	中阿合作论坛第二届企业家大会	2007年6月18日至19日	安曼（约旦）
	中阿合作论坛第三届企业家大会暨首届投资研讨会	2009年4月21日至22日	浙江杭州
	中阿合作论坛第四届企业家大会暨第二届投资研讨会	2012年1月18日	沙迦（阿联酋）
	中阿合作论坛第五届企业家大会暨第三届投资研讨会	2013年12月9日	四川成都
	中阿合作论坛第六届企业家大会暨第四届投资研讨会	2015年5月26日	贝鲁特（黎巴嫩）
	中阿合作论坛第七届企业家大会暨第五届投资研讨会	2017年9月6日至9日	宁夏银川
	中阿合作论坛第八届企业家大会暨第六届投资研讨会	2019年4月2日至3日	突尼斯市（突尼斯）
	中阿合作论坛第九届企业家大会暨第七届投资研讨会	2021年4月6日	北京
	中阿合作论坛第十届企业家大会暨第八届投资研讨会	2023年6月11日至12日	利雅得（沙特）
7	首届中阿能源合作大会	2008年1月9日至11日	海南三亚
	第二届中阿能源合作大会	2010年1月26日至28日	喀土穆（苏丹）
	第三届中阿能源合作大会	2012年9月16日至17日	宁夏银川

续表

序号	活动名称	时间	地点
7	第四届中阿能源合作大会	2014年11月17日至21日	利雅得（沙特）
	第五届中阿能源合作大会	2016年10月25日至26日	北京
	第六届中阿能源合作大会	2018年11月5日至8日	开罗（埃及）
	第七届中阿能源合作大会	2023年9月19日至21日	海南海口
8	首届阿拉伯艺术节	2006年6月23日至7月13日	北京、江苏南京
	首届中国艺术节	2008年4月至6月	大马士革（叙利亚）
	第二届阿拉伯艺术节	2010年6月18日至25日	北京、上海
	第二届中国艺术节	2012年3月25日至31日	麦纳麦（巴林）
	第三届阿拉伯艺术节	2014年8月至10月	北京、陕西西安、宁夏银川、福建泉州
	第三届中国艺术节	2016年8月3日至7日	斯法克斯（突尼斯）
	第四届阿拉伯艺术节	2018年7月至10月	四川成都
	第五届阿拉伯艺术节	2022年12月19日至20日	江西景德镇
9	首届中阿新闻合作论坛	2008年4月23日至24日	北京
	第二届中阿新闻合作论坛	2010年5月6日至7日	麦纳麦（巴林）
	第三届中阿新闻合作论坛	2012年4月24日至25日	广东广州
	第四届中阿新闻合作论坛	2020年11月24日	线上视频会
10	首届中阿友好大会	2006年11月28日至29日	喀土穆（苏丹）

续表

序号	活动名称	时间	地点
10	第二届中阿友好大会	2008年10月27日至31日	大马士革（叙利亚）
	第三届中阿友好大会	2010年10月23日至26日	的黎波里（利比亚）
	第四届中阿友好大会	2012年9月13日至14日	宁夏银川
	第五届中阿友好大会	2017年11月6日至7日	北京
11	首届中阿城市论坛	2014年6月17日至18日	福建泉州
	第二届中阿城市论坛	2018年11月8日	马拉喀什（摩洛哥）
	第三届中阿城市论坛	2022年11月30日	线上视频会
12	首届中阿北斗合作论坛	2017年5月24日	上海
	第二届中阿北斗合作论坛	2019年4月1日至2日	突尼斯市（突尼斯）
	第三届中阿北斗合作论坛	2021年12月8日	北京（线上线下相结合）
	第四届中阿北斗合作论坛	2023年10月25日	亚历山大（埃及）
13	首届中阿妇女论坛	2015年4月28日	阿布扎比（阿联酋）
	第二届中阿妇女论坛	2017年9月19日	北京
	第三届中阿妇女论坛	2019年12月19日	利雅得（沙特）
	第四届中阿妇女论坛	2022年7月21日	北京
14	首届中阿卫生合作论坛	2015年9月11日	宁夏银川
	第二届中阿卫生合作论坛	2019年8月16日	北京
15	首届中阿广播电视合作论坛	2011年9月20日至24日	宁夏银川
	第二届中阿广播电视合作论坛	2013年9月13日至16日	宁夏银川
	第三届中阿广播电视合作论坛	2015年9月9日	宁夏银川
	第四届中阿广播电视合作论坛	2019年10月17日	浙江杭州

续表

序号	活动名称	时间	地点
15	第五届中阿广播电视合作论坛	2021年12月6日	北京、浙江杭州（线上线下相结合）
	第六届中阿广播电视合作论坛	2023年12月9日至11日	浙江杭州
16	首届中阿图书馆与信息领域专家会议	2015年4月29日	开罗（埃及）
	第二届中阿图书馆与信息领域专家会议	2017年5月24日	北京
	第三届中阿图书馆与信息领域专家会议	2019年6月11日	科威特城（科威特）
	第四届中阿图书馆与信息领域专家会议	2021年9月1日	浙江杭州（线上线下相结合）
	第五届中阿图书馆与信息领域专家会议	2023年12月5日至6日	利雅得（沙特）
17	首届中阿技术转移与创新合作大会	2015年9月10日至11日	宁夏银川
	第二届中阿技术转移与创新合作大会	2017年9月6日至7日	宁夏银川
	第三届中阿技术转移与创新合作大会	2019年9月5日	宁夏银川
	第四届中阿技术转移与创新合作大会	2021年8月19日	宁夏银川
	第五届中阿技术转移与创新合作大会	2023年9月21日	宁夏银川
18	首届中阿青年发展论坛	2023年11月30日	海南海口
19	中阿智库联盟	2024年1月14日	开罗（埃及）

أبرز الأحداث لمنتدى التعاون الصيني العربي على مدى عشرين عاما

تأليف: مركز الدراسات الصيني العربي للإصلاح والتنمية

دار النشر لمعارف العالم
بكين ٢٠٢٤

مقدمة

يعد منتدى التعاون الصيني العربي منصة مهمة لتعزيز العلاقات الصينية العربية، ونموذجا يحتذى به للتعاون بين دول الجنوب وبين الأقاليم. منذ تأسيس المنتدى قبل 20 عاما، وخاصة في السنوات العشرة الأخيرة أي بعد الدخول في العصر الجديد، قطعت العلاقات الصينية العربية أشواطا بعيدة، وتقدمت بخطوات كبيرة إلى الأمام، كما امتدّ التعاون الصيني العربي إلى مجالات عديدة. وقد وصل عدد آليات التعاون في إطار منتدى التعاون الصيني العربي إلى 19 آلية، بما يشمل المجالات التالية: العلاقات الصينية العربية والحوار بين الحضارات، الإصلاح والتنمية والتواصل بين المراكز الفكرية، الاقتصاد، التجارة، الطاقة، العلوم، التكنولوجيا، الفضاء، التواصل الشعبي، المرأة، الصحة، الإذاعة والتلفزيون، والشباب ...إلخ. حقق التعاون الصيني العربي في بناء "الحزام والطريق" نتائج مثمرة، وتحوّل مفهوم المجتمع الصيني العربي للمستقبل المشترك إلى سلسلة من الممارسات المثمرة من خلال المواءمة الفعّالة بين الرؤى الاستراتيجية للجانبين.

ساهمت القمة الصينية العربية الأولى التي عُقدت في نهاية عام 2022 في تعزيز العلاقات التقليدية بين الصين والدول العربية، وتدعيم السلام والتنمية في المنطقة. أهم ما حصل بين الجانبين الصيني والعربي هو أن دبلوماسية القادة دفعت العلاقات الصينية العربية للدخول إلى عصر جديد من العمل بكل جهود لبناء المجتمع الصيني العربي للمستقبل المشترك. الرئيس الصيني شي جينبينغ كان قد أشار في القمة إلى روح الصداقة الصينية العربية المتمثلة في "التضامن والتآزر والمساواة والمنفعة المتبادلة والشمول والاستفادة المتبادلة"، حيث يُعد "التضامن والتآزر" سمة بارزة للصداقة الصينية العربية، وكذلك فإنّ "المساواة والمنفعة المتبادلة" قوة دافعة لا تنضب، وأما "الشمول والاستفادة المتبادلة" فهي بمثابة القيم المشتركة لهذه الصداقة.

قد مضى عام ونيف على القمة الصينية العربية الأولى، وظل الجانبان الصيني

والعربي يلتزمان بروح الصداقة الصينية العربية ويتقدمان نحو بناء المجتمع الصيني العربي للمستقبل المشترك نحو العصر الجديد، ويعملان على تنفيذ ما طرحه الرئيس الصيني شي جين بينغ من "الأعمال الثمانية المشتركة" للتعاون العملي الصيني العربي وتعزيز بناء منتدى التعاون الصيني العربي، وقد حقق التعاون العملي بين الجانبين نتائج ملحوظة في المجالات كافة. في ظل البيئة الدولية المعقدة والمليئة بالتغيرات والاضطرابات، إن التعاون بين الصين والدول العربية يضخ المزيد من عوامل الاستقرار والطاقة الإيجابية في العالم. للأمتين الصينية والعربية الطموحات ذاتها، فلا شك أنهما سيتقدمان إلى الأمام يدا بيد، ويتجاوزان الصعوبات والمتاعب، ويتغلبان على التحديات كافة، ويحققان الازدهار المشترك ويخلقان عالما أجمل.

ستعقد الدورة العاشرة للاجتماع الوزاري لمنتدى التعاون الصيني العربي في الصين في عام 2024، وهو أول اجتماع وزاري للمنتدى بعد القمة الصينية العربية الأولى، وحدث دبلوماسي مهم استضافته الصين لتنفيذ نتائج القمة الصينية العربية. قام مركز الدراسات الصيني العربي للإصلاح والتنمية بتأليف هذا الكتاب المعنون: "عشرون عاما لمنتدى التعاون الصيني العربي"، وذلك من أجل تلخيص التجارب الناجحة لأعمال منتدى التعاون الصيني العربي في العقدين الماضيين، وخاصة تجربة بناء المنتدى في العصر الجديد، وعرض إنجازات التعاون الجماعي الصيني العربي وذلك بالاستفادة من أفكار شي جين بينغ للاشتراكية ذات الخصائص الصينية في العصر الجديد، لا سيما أفكار شي جين بينغ الدبلوماسية.

حُرر هذا الكتاب من قبل أ.د. وانغ قوانغدا. وقد تم تأليفه من قبل أ.د. تشن يويهيانغ والباحثة المساعدة تان مين، وتمت ترجمته إلى اللغة العربية من قبل أ.د. قوه زيجيان والباحثة المساعدة وانغ تشيان. كما حظى هذا العمل بالدعم الكبير والإرشاد الكامل من إدارة غرب آسيا وشمال إفريقيا بوزارة الخارجية الصينية، وكذلك المساعدات الكبيرة من دار النشر لمعارف العالم، وهنا لا بد من أن أنتهز هذه الفرصة للتعبير عن خالص شكري لجميع الداعمين!

أ.د. وانغ قوانغدا
الأمين العام لمجلس إدارة مركز الدراسات الصيني العربي للإصلاح والتنمية
أستاذ في جامعة شانغهاي للدراسات الدولية ـ الصين
يوم 12 مارس عام 2024

فهرس

عام 2004

في يوم 30 يناير، زار فخامة الرئيس الصيني هو جينتاو مقر جامعة الدول العربية، حيث التقى مع الأمين العام لجامعة الدول العربية عمرو موسى ومندوبي الدول الأعضاء لـ22 في الجامعة وطرح المبادئ الأربعة حول التعاون الصيني العربي: أولا، تقوية العلاقات السياسية على أساس الاحترام المتبادل؛ ثانيا، تكثيف التبادل الاقتصادي والتجاري بهدف تحقيق التنمية المشتركة؛ ثالثا، توسيع التواصل الثقافي بما يحقق الاستفادة المتبادلة؛ رابعا، تعزيز التعاون في الشؤون الدولية بهدف صون السلام العالمي وتدعيم التنمية المشتركة. واتفقت جامعة الدول العربية تماما مع المبادئ الأربعة المطروحة من الرئيس هو جينتاو حول سبل تعزيز التعاون الصيني العربي، باعتبارها مبدأ مهما لإرشاد العلاقات بين الجانبين.*

بعد هذا اللقاء، أعلن وزير الخارجية الصيني لي تشاوشينغ والأمين العام للجامعة العربية عمرو موسى في مقر الجامعة أن الصين والدول العربية قررتا تأسيس "منتدى التعاون الصيني العربي"، وأصدرتا "البيان المشترك بشأن تأسيس منتدى التعاون الصيني العربي". يشكل منتدى التعاون الصيني العربي منصة جديدة للجانبين لإجراء الحوار والتعاون على أساس المساواة والمنفعة المتبادلة، ويساهم في إثراء مقومات العلاقات الصينية العربية، وتوطيد وتوسيع التعاون متبادل المنفعة بين الجانبين في مجالات السياسة والاقتصاد والتجارة والعلوم والتكنولوجيا والثقافة والتربية والتعليم والصحة، ورفع مستواه على نحو شامل.

في يوم 13 سبتمبر، عقد مساعد وزير الخارجية الصيني ليوى قوتسنغ والأمين العام

---

* المحتويات بالخط العريض تشير إلى الفعاليات المتعلقة بالرئيس الصيني.

المساعد لجامعة الدول العربية المسؤول عن الشؤون السياسية ومندوبو الدول الأعضاء للجامعة الدورة الأولى لاجتماع كبار المسؤولين لمنتدى التعاون الصيني العربي.

في يوم 14 سبتمبر، عقدت الدورة الأولى للاجتماع الـوزاري لمنتدى التعاون الصيني العربي في القاهرة، الأمر الذي يرمز إلى انطلاق أعمال المنتدى رسميا. وقام وزير الخارجية الصيني لي تشاوشينغ والرئيس الدوري لمجلس جامعة الدول العربية على مستوى وزراء الخارجية وزير الخارجية الموريتاني محمد ولد بلال والأمين العام للجامعة العربية عمرو موسى بإلقاء كلمات في الاجتماع. وحضر الاجتماع وزراء الخارجية أو ممثلوهم من الدول الأعضاء الـ22 للجامعة العربية. وأجرى الجانبان المناقشات حول "كيفية تطوير العلاقات الصينية العربية بشكل أفضل في المرحلة الجديدة" و"كيفية تطوير المنتدى" و"نشاطات المنتدى في المرحلة المقبلة". وتبنى الاجتماع "إعلان منتدى التعاون الصيني العربي" و"البرنامج التنفيذي لمنتدى التعاون الصيني العربي"، إلى جانب إصدار بيان صحافي عقب الاجتماع.

عام 2005

في يومي 12 و13 إبريل، عقدت الدورة الأولى لمؤتمر رجال الأعمال لمنتدى التعاون الصيني العربي في بكين الصينية، بحضور ألف شخص، بمن فيهم مسؤولو وزارة الخارجية الصينية والمجلس الاقتصادي والاجتماعي للجامعة العربية والإدارات الاقتصادية والتجارية للدول العربية وغرف التجارة الصينية والعربية ورجال الأعمال الصينيين والعرب. كان الموضوع الرئيسي للمؤتمر "العلاقات الاقتصادية والتجارية الصينية العربية الحاضر والمستقبل" و"تعزيز الاستثمارات المتبادلة".

في يومي 14 و15 يونيو، عقدت الدورة الثانية لاجتماع كبار المسؤولين لمنتدى التعاون الصيني العربي في بكين الصينية. وحضر الاجتماع مساعد وزير الخارجية الصيني لي هوي وألقى كلمة حول تصورات الصين بشأن سبل تطوير المنتدى. وترأس الاجتماع مدير عام إدارة غربي آسيا وشمالي أفريقيا بوزارة الخارجية الصينية تشاي جيون، وألقى الكلمة الرئيسية حول أعمال المنتدى. وحضر الاجتماع كبار المسؤولين من اللجنة الوطنية الصينية للتنمية والإصلاح ووزارة المالية ووزارة التجارة وكبار المسؤولين المختصين بالعلاقات العربية الصينية في وزارات خارجية الدول العربية الـ22 والأمانة العامة للجامعة العربية وجميع السفراء العرب لدى الصين. وأجرى الجانبان المناقشات المعمقة حول سبل تطوير المنتدى والمجالات الرئيسية للتعاون الصيني العربي، وتشاورا حول قضية إصلاح الأمم المتحدة، واعتمدا "محضر الاجتماع".

في أكتوبر، عينت الصين سفيرها لدى مصر مندوبا مفوضا لدى الجامعة العربية.

في يومي 12 و13 ديسمبر، عقدت الدورة الأولى لندوة العلاقات الصينية العربية والحوار بين الحضارتين الصينية والعربية في إطار منتدى التعاون الصيني العربي في بكين الصينية، بحضور 60 باحثا وأكاديميا من الصين و17 دولة عربية وجامعة الدول

العربية. أجرت الندوة المناقشات المعمقة حول مستقبل العلاقات الصينية العربية والحوار بين الحضارتين الصينية والعربية واختتمت باعتماد "التقرير الختامي". في يوم 13، التقى مستشار الدولة الصيني تانغ جياشيوان مع المشاركين العرب في مبنى تسيقوانغه بتشونغنانهاي. وقال السيد تانغ إن الصين تحترم التنوع الحضاري في العالم ويجب على الحضارات المختلفة تبادل الاحترام والتعامل مع بعضها البعض بالمساواة. وأشار إلى أن الصين تهتم بتطوير علاقات الصداقة والتعاون مع الدول العربية، وأن الثقة المتبادلة والمساعدة المتبادلة والمنفعة المتبادلة تعد خبرة ثمينة للعلاقات الصينية العربية على مدى 50 سنة، وإقامة هذه الندوة تلبي حاجات الجانبين لتطوير العلاقة بينهما، وتكتسب أهمية كبيرة.

عام 2006

في يوم 29 مايو، عقدت الدورة الثالثة لاجتماع كبار المسؤولين لمنتدى التعاون الصيني العربي في بكين الصينية. والتقى مساعد وزير الخارجية الصيني خه يافي بالمشاركين العرب. وترأس الاجتماع مدير عام إدارة غربي آسيا وشمالي أفريقيا بوزارة الخارجية الصينية تشاي جيون والمندوب الإماراتي لدى جامعة الدول العربية كالرئيس الدوري لمجلس جامعة الدول العربية على مستوى وزراء الخارجية ونائب الأمين العام لجامعة الدول العربية أحمد بن حلي. وحضر الاجتماع حوالي 100 شخص، بمن فيهم مسؤولو اللجنة الوطنية الصينية للتنمية والإصلاح ووزارة التجارة ووزارة الثقافة وكبار المسؤولين من 22 دولة عربية والأمانة العامة للجامعة العربية وجميع السفراء العرب لدى الصين. وأجرى الجانبان المناقشات المعمقة حول سبل تطوير المنتدى والأعمال التحضيرية للدورة الثانية للاجتماع الوزاري، كما أجريا المشاورات السياسية حول عملية السلام في الشرق الأوسط.

في يومي 31 مايو و1 يونيو، عقدت الدورة الثانية للاجتماع الوزاري لمنتدى التعاون الصيني العربي في بكين الصينية. في يوم 31 مايو، التقى الرئيس الصيني هو جينتاو المشاركين العرب في قاعة الشعب الكبرى، حيث طرح رؤية بأربع نقاط حول زيادة تطوير علاقات الصداقة والتعاون الصينية العربية: أولا، تعزيز التعاون السياسي وترسيخ وتطوير أسس العلاقات السياسية الصينية العربية؛ ثانيا، تقوية التعاون الاقتصادي لتحقيق المنفعة المتبادلة والكسب المشترك؛ ثالثا، تكثيف التعاون الثقافي وتكريس الصداقة التقليدية؛ رابعا، تعزيز التعاون الدولي وتدعيم السلام والاستقرار.

حضر مستشار الدولة الصيني تانغ جياشيوان الجلسة الافتتاحية وألقى فيها كلمة مهمة. وترأس الاجتماع وزير الخارجية الصيني لي تشاوشينغ ووزير الدولة للشؤون

الخارجية محمد حسين الشعالي من الإمارات التي تتولى الرئاسة الدورية لمجلس جامعة الدول العربية على مستوى وزراء الخارجية وأمين عام الجامعة العربية عمرو موسى. وحضر الاجتماع حوالي 200 شخص، بمن فيهم ممثلو اللجنة الوطنية الصينية للتنمية والإصلاح ووزارة المالية وغيرها من الإدارات الصينية ووزراء الخارجية أو ممثلوهم من 21 دولة عربية. وقرر الاجتماع مواصلة تطوير الشراكة من نوع جديد على أساس المساواة والتعاون الشامل. وبعد الاجتماع، وقع الجانبان على "البيان المشترك للدورة الثانية للاجتماع الوزاري لمنتدى التعاون الصيني العربي" و"البرنامج التنفيذي لمنتدى التعاون الصيني العربي بين عامي 2006 - 2008" و"البيان المشترك بين جمهورية الصين الشعبية وجامعة الدول العربية بشأن التعاون في مجال حماية البيئة" و"مذكرة تفاهم بشأن تأسيس آلية مؤتمر رجال الأعمال الصينيين والعرب في إطار منتدى التعاون الصيني العربي".

بين يومي 23 يونيو ويوم 13 يوليو، أقيمت الدورة الأولى لمهرجان الفنون العربية في إطار منتدى التعاون الصيني العربي في بكين ومدينة نانجينغ بمقاطعة جيانغسو، الصين، على التوالي. وشارك في الأنشطة المعنية 51 شخصا من 16 وفدا ثقافيا حكوميا عربيا ووفد ثقافي رفيع المستوى من جامعة الدول العربية و250 فنانا عربيا.

في يومي 28 و29 نوفمبر، عقدت الدورة الأولى لمؤتمر الصداقة الصينية العربية في إطار منتدى التعاون الصيني العربي في عاصمة السودان الخرطوم. وحضر المؤتمر أكثر من 50 شخص، بمن فيهم أعضاء وفد جمعية الصداقة الصينية العربية المتكون من 35 شخصا ومسؤولو جمعيات الصداقة العربية الصينية من 22 دولة عربية ووفد جامعة الدول العربية. وتبنى المؤتمر "إعلان الصداقة الشعبية الصينية العربية"، وقرر تأسيس رابطة جمعيات الصداقة العربية الصينية مقرها في الخرطوم.

عام 2007

في يومي 18 و19 يونيو، عقدت الدورة الثانية لمؤتمر رجال الأعمال لمنتدى التعاون الصيني العربي في عاصمة الأردن عمان، تحت شعار "تعميق التعاون ومشاركة الازدهار"، وحضر المؤتمر حوالي ألف رجل الأعمال من الصين و16 دولة عربية. وأجرى المؤتمر المناقشات المعمقة حول خمس مواضيع، وهي آفاق التعاون الصيني العربي، وفرص الأعمال والبيئة الاستثمارية في الأردن، والتعاون الصيني العربي في مجال تكنولوجيا المعلومات والتكنولوجيا المتقدمة، والتعاون الصيني العربي في مجال السياحة، والتعاون الصيني العربي في مجال التشييد والبناء والمقاولة الهندسية. وأصدر المؤتمر "إعلان عمان".

في يومي 4 و5 يوليو، عقدت الدورة الرابعة لاجتماع كبار المسؤولين في مقر الجامعة العربية بالقاهرة. وحضر الاجتماع الوفد الصيني برئاسة مدير عام إدارة غربي آسيا وشمالي إفريقيا بوزارة الخارجية سونغ آيقوه، وبمشاركة ممثلي اللجنة الوطنية للتنمية والإصلاح ووزارة التجارة ووزارة الثقافة وغيرها من الإدارات الحكومية. وحضر الاجتماع نائب الأمين العام للجامعة العربية المسؤول عن الشؤون السياسية أحمد بن حلي والأمين العام المساعد المسؤول عن الشؤون الاقتصادية محمد التويجري والمسؤولون من المنظمة العربية للتربية والثقافة والعلوم ورابطة جمعيات الصداقة العربية الصينية ومنظمة الأقطار العربية المصدرة للبترول والأمانة العامة لجامعة الدول العربية ومندوبو الدول الأعضاء الـ22 بالجامعة ورئيس السلك الدبلوماسي العربي لدى الصين. وقام الاجتماع بتقييم أعمال المنتدى منذ الدورة الثانية للاجتماع الوزاري، ومناقشة خطط المنتدى في العام المقبل، وتبادل الآراء حول الأعمال التحضيرية للدورة الثالثة للاجتماع الوزاري المزمع عقدها في البحرين عام 2008، وكما أجرى المشاورات السياسية حول القضايا

الإقليمية والدولية ذات الاهتمام المشترك. وتبنى الاجتماع "الوثيقة الختامية".

بين يومي 1 و3 ديسمبر، عقدت الدورة الثانية لندوة العلاقات الصينية العربية والحوار بين الحضارتين الصينية والعربية في العاصمة السعودية الرياض. وحضر الندوة أكثر من 70 شخصا، وهم المسؤولون من وزارة الخارجية ووزارة الثقافة الصينية وجمعية الصداقة للشعب الصيني مع شعوب العالم والباحثون والأكاديميون من أكثر من 10 جامعات ومؤسسات بحثية ونائب الأمين العام لجامعة الدول العربية أحمد بن حلي والممثلون من 22 دولة عربية. وأجرى الجانبان المناقشات المعمقة حول سبل "تطوير العلاقات الثقافية الصينية العربية" و"توظيف دور الحضارتين الصينية والعربية في مواجهة تحديات العولمة" و"تعزيز الفهم المتبادل بين الحضارتين"، كما طرحا المقترحات المحددة حول سبل تعزيز التعاون الصيني العربي في مجالات الثقافة والتربية والتعليم والإعلام والترجمة والنشر. وتبنت الندوة "التقرير الختامي".

عام 2008

من 9 إلى 11 يناير، عقدت الدورة الأولى لمؤتمر التعاون الصيني العربي في مجال الطاقة في إطار منتدى التعاون الصيني العربي بمدينة سانيا بمقاطعة هاينان الصينية، تحت شعار "التباحث في آفاق التعاون الصيني العربي في مجال الطاقة وسبله". وشارك في المؤتمر أكثر من 130 شخصا من اللجنة الوطنية الصينية للتنمية والإصلاح ووزارة الخارجية ووزارة التجارة الصينية وأكثر من 20 شركة صينية رائدة في مجال الطاقة ومسؤولو الأجهزة الوطنية في مجال الطاقة لـ15 دولة عربية والأمانة العامة لجامعة الدول العربية ومنظمة الأقطار العربية المصدرة للبترول والهيئة العربية للطاقة الذرية وشركات الطاقة العربية ذات الصلة. وقع الجانبان "البيان المشترك للدورة الأولى لمؤتمر التعاون الصيني العربي في مجال الطاقة".

من إبريل إلى يونيو، عقدت الدورة الأولى لمهرجان الفنون الصينية في إطار منتدى التعاون الصيني العربي في عاصمة سورية دمشق. يعد هذا المهرجان حدثا ثقافيا هاما آخر يقام في إطار منتدى التعاون الصيني العربي بعد الدورة الأولى لمهرجان الفنون العربية المقامة في الصين في عام 2006، ويرمز إلى الانطلاق الرسمي لآلية إقامة المهرجانات الفنية لدى الجانب الآخر بالتناوب.

في يومي 23 و24 إبريل، عقدت الدورة الأولى لندوة التعاون الصيني العربي في مجال الإعلام في إطار منتدى التعاون الصيني العربي في بكين، الصين، تحت شعار "دفع التعاون الإعلامي من أجل تعزيز الصداقة الصينية العربية"، وشارك في الندوة حوالي 150 شخصا، من بينهم مسؤولو الأجهزة الحكومية المعنية ووسائل الإعلام الرئيسية والباحثون والأكاديميون من الصين والدول الأعضاء الـ22 للجامعة العربية. وأجرى الجانبان المناقشات المعمقة حول "تعزيز التعاون الإعلامي الصيني العربي لاستقبال

أولمبياد بكين عام 2008" و"التعاون الإعلامي الصيني العربي حاضره ومستقبله" و"تعزيز التعاون العملي لتوظيف دور وسائل الإعلام المهم في تعزيز العلاقات الصينية العربية". وأصدرت الندوة "البيان المشترك لندوة التعاون الصيني العربي في مجال الإعلام" ووقعت "مذكرة تفاهم بشأن التعاون والتبادل الإعلامي الودي بين الصين والدول الأعضاء لجامعة الدول العربية".

في يوم 20 مايو، عقدت الدورة الخامسة لاجتماع كبار المسؤولين للمنتدى في عاصمة البحرين المنامة. وترأس الاجتماع مساعد وزير الخارجية الصيني تشاي جيون ومستشار وزير الخارجية البحريني كريم إبراهيم الشاكر ونائب الأمين العام للجامعة العربية أحمد بن حلي. وقيم الاجتماع مدى التنفيذ للوثائق الختامية للدورة الثانية للاجتماع الوزاري وقام بمناقشة وتمرير جدول الأعمال للدورة الثالثة لاجتماع كبار المسؤولين والوثائق الختامية وإجراء المشاورات السياسية الجماعية حول القضايا الساخنة في الشرق الأوسط.

في يومي 21 و22 مايو، عقدت الدورة الثالثة للاجتماع الوزاري للمنتدى في عاصمة البحرين المنامة. وحضر الاجتماع حوالي 200 شخص، من بينهم نائب رئيس مجلس الوزراء البحريني الشيخ محمد بن مبارك آل خليفة ووزير الخارجية الصيني يانغ جيتشي والأمين العام لجامعة الدول العربية عمرو موسى والوزراء أو ممثلوهم من 22 دولة عربية. وأجرى الجانبان المناقشات المعمقة حول سبل بناء الشراكة الصينية العربية الجديدة المتجهة نحو السلام والتنمية المستدامة. وتبنى الاجتماع أربع وثائق ختامية، وهي "البيان المشترك للدورة الثالثة للاجتماع الوزاري" و"البرنامج التنفيذي لمنتدى التعاون الصيني العربي بين عامي 2008 - 2010" و"البيان المشترك بين حكومة جمهورية الصين الشعبية وجامعة الدول العربية بشأن التعاون في مجال حماية البيئة" و"مذكرة تفاهم بين الأمانة العامة لجامعة الدول العربية والمجلس الصيني لتنمية التجارة الدولية بشأن إنشاء آلية ندوة الاستثمارات". واتفق الجانبان بالإجماع على تسريع عملية المفاوضات بشأن إنشاء منطقة التجارة الحرة بين الصين ومجلس التعاون الخليجي.

بين يومي 27 و31 أكتوبر، عقدت الدورة الثانية لمؤتمر الصداقة الصينية العربية في عاصمة سورية دمشق. وشارك في المؤتمر حوالي 400 شخص، من بينهم أعضاء وفد جمعية الصداقة الصينية العربية والجامعة العربية وممثلو جمعيات الصداقة العربية

الصينية من 18 دولة عربية. وأجرى المؤتمر المناقشات المعمقة حول "مستقبل علاقات الصداقة بين الشعبين الصيني والعربي" و"كيفية رفع مكانة جمعيات الصداقة العربية الصينية". وتبنى المؤتمر اللائحة التنظيمية رابطة جمعيات الصداقة العربية الصينية وأنشأ "مجلس المتابعة لمؤتمر الصداقة الصينية العربية" ووقع "الخطة التنفيذية للتواصل الشعبي بين الصين والدول العربية 2008 - 2010" و"البيان الصحفي".

عام 2009

في يومي 21 و22 إبريل، عقدت الدورة الثالثة لمؤتمر رجال الأعمال والدورة الأولى لندوة الاستثمارات لمنتدى التعاون الصيني العربي في مدينة هانغتشو بمقاطعة تشجيانغ الصينية، تحت شعار "مواجهة التحديات وتحقيق المنفعة المتبادلة والكسب المشترك". وحضر المؤتمر أكثر من ألف شخص، من بينهم المسؤولون الحكوميون ورجال الأعمال من الجانبين. على هامش المؤتمر، تم إقامة أكثر من 120 جلسة تجارية، وبلغت قيمة العقود 500 مليون يوان. ووقع المؤتمر "محضر المؤتمر".

في يومي 11 و12 مايو، عقدت الدورة الثالثة لندوة العلاقات الصينية العربية والحوار بين الحضارتين الصينية والعربية في مدينة تونس. وحضر الندوة حوالي 80 شخصا من بينهم المسؤولون من وزارة الخارجية ووزارة الثقافة الصينية والهيئة الصينية العامة للإعلام والنشر و15 دولة عربية والجامعة العربية والباحثون والأكاديميون. وأجرت الندوة المناقشات المعمقة حول "الصين في الثقافة العربية والعرب في الثقافة الصينية" و"القيم المشتركة في الثقافتين العربية والصينية حول الإنسان والطبيعة"، وتبنت الوثيقة الختامية.

في يومي 23 و24 يونيو، عقدت الدورة السادسة لاجتماع كبار المسؤولين لمنتدى التعاون الصيني العربي في بكين الصينية. وألقى مساعد وزير الخارجية الصيني تشاي جيون كلمة في الجلسة الافتتاحية. وحضر الاجتماع كبار المسؤولين من وزارة التربية والتعليم ووزارة التجارة الصينية وغيرها من الأجهزة الحكومية الصينية ووزارات الخارجية للدول الأعضاء الـ22 للجامعة العربية والمسؤولون عن العلاقات الصينية العربية وشؤون المنتدى للأمانة العامة للجامعة. كما قيم الاجتماع مدى التنفيذ للوثائق الختامية للدورة الثالثة للاجتماع الوزاري وتبادل الآراء بشكل معمق حول القضايا

الإقليمية والدولية ذات الاهتمام المشترك والأعمال التحضيرية للدورة الرابعة للاجتماع الوزاري، وتبنى "الوثيقة الختامية". على هامش الاجتماع، تم إطلاق الموقع الإلكتروني لمنتدى التعاون الصيني العربي رسميا وإطلاق الشعار الدائم للمنتدى بالتصميم المشترك من الجانبين الصيني والعربي.

في يوم 7 نوفمبر، زار رئيس مجلس الدولة الصيني ون جياباو مقر الجامعة العربية والتقى بالأمين العام عمرو موسى، وألقى خطابا مهما بعنوان "احترام تنوع الحضارات". وحضر الفعالية أكثر من 400 شخص، من بينهم مندوبو الدول الأعضاء لـ22 في الجامعة العربية وكبار المسؤولين من الأمانة العامة والمجالس المختلفة للجامعة العربية وسفراء الدول لدى مصر والشخصيات المصرية من مختلف الأوساط. وقال ون جياباو الصداقة الصينية العربية ترجع إلى زمن بعيد، وينظر الشعب الصيني إلى الشعب العربي كالصديق الحميم والشريك العزيز والأخ الجيد. تعد الحضارتان الصينية والإسلامية جوهرة الحضارة البشرية، وقدمتا مساهمات لا تمحى في تقدم المجتمع البشري، ودفعتا التواصل بين الحضارات الشرقية والغربية. قد تختلف حضارة عن الأخرى، لكن لا حضارة تتفوق على الأخرى. ويعد السعي وراء الوئام والتناغم رغم التنوع والاختلافات وتحقيق التنمية من خلال التواصل يعد القيم الحضارية المطلوبة للمجتمع البشري. وتتحمل الصين البالغ عدد سكانها 1.3 مليار نسمة، والعالم العربي البالغ عدد سكانه مئات الملايين، المهمة المشرفة لإحياء وتجديد الحضارات العريقة. ويجب على الجانبين العمل سويا على دفع التعاون الودي بينهما إلى مستوى جديد.

عام 2010

بين يومي 26 و28 يناير، عقدت الدورة الثانية لمؤتمر التعاون الصيني العربي في مجال الطاقة في عاصمة السودان الخرطوم. وشارك في المؤتمر ممثلون من الأجهزة الصينية والعربية المعنية بالطاقة وشركات الطاقة والمسؤولون من الجامعة العربية، وناقش المشاركون المواضيع المهمة في مجالات النفط والغاز الطبيعي وصناعة البتروكيماويات والكهرباء والطاقة النووية والطاقة المتجددة، ووقع الجانبان على "مذكرة تفاهم بين الهيئة الصينية الوطنية للطاقة وجامعة الدول العربية بشأن آلية التعاون العربي الصيني في مجال الطاقة"، و"البيان الختامي للدورة الثانية لمؤتمر التعاون الصيني العربي".

بين يومي 6 و7 مايو، عقدت الدورة الثانية لندوة التعاون الصيني العربي في مجال الإعلام في عاصمة البحرين المنامة. وشارك فيها حوالي 100 شخص من الأجهزة الحكومية المعنية بالشؤون الإعلامية والمؤسسات الإعلامية للصين و20 دولة عربية والأمانة العامة لجامعة الدول العربية. وأجرى الجانبان المناقشات المعمقة حول الوضع الحالي للتعاون الإعلامي، والاستفادة من وسائل الإعلام لتطوير العلاقات الصينية العربية، وحرية التبادل الإعلامي، واستخدام التكنولوجيا الجديدة، والخبرات الإعلامية الصينية العربية، وأصدرت الندوة "البيان المشترك للدورة الثانية لندوة التعاون العربي الصيني في مجال الإعلام".

في يوم 11 مايو، عقدت الدورة السابعة لاجتماع كبار المسؤولين لمنتدى التعاون الصيني العربي في بكين، الصين. وحضرها نائب وزير الخارجية تشاي جيون وألقى فيها كلمة. كما شارك في الاجتماع كبار المسؤولين من إدارة غربي آسيا وشمالي أفريقيا وإدارة إفريقيا بوزارة الخارجية الصينية ووزارات الخارجية العربية والمسؤولون بالعلاقات الصينية العربية وشؤون المنتدى في الجامعة العربية والسفراء العرب لدى الصين.

وقام الجانبان باستعراض النشاطات في إطار المنتدى منذ الدورة السادسة لاجتماع كبار المسؤولين للمنتدى، وأجريا المناقشات المعمقة حول الوثيقة الختامية التي سيتم توقيعها في الدورة الرابعة للاجتماع الوزاري للمنتدى، وأجري الجانبان المشاورات السياسية حول القضايا الدولية والإقليمية ذات الاهتمام المشترك وتوصلا إلى توافق واسع النطاق.

بين يومي 13 و14 مايو، عقدت الدورة الرابعة للاجتماع الوزاري لمنتدى التعاون الصيني العربي بمدينة تيانجين بالصين. بعد ظهر يوم 13 مايو، حضر رئيس مجلس الدولة ون جياباو الجلسة الافتتاحية للمؤتمر وألقى خطابا مهما بعنوان "تعزيز التعاون الشامل وتحقيق التنمية المشتركة". وشارك في الاجتماع حوالي 300 شخص، من بينهم الوزراء من الصين و22 دولة عربية وممثلوهم والأمين العام لجامعة الدول العربية عمرو موسى. وتبنى الاجتماع 3 وثائق ختامية، أي "إعلان تيانجين لمنتدى التعاون الصيني العربي بشأن إقامة علاقات التعاون الاستراتيجي بين الصين والدول العربية" و"البيان الختامي للدورة الرابعة للاجتماع الوزاري لمنتدى التعاون الصيني العربي" و"البرنامج التنفيذي لمنتدى التعاون الصيني العربي بين عامي 2010 - 2012". واتفق الجانبان على إقامة علاقات التعاون الاستراتيجي بين الصين والدول العربية القائمة على التعاون الشامل والتنمية المشتركة في إطار منتدى التعاون الصيني العربي.

في يوم 14 مايو، استقبل الرئيس الصيني هو جينتاو رؤساء الوفود العربية المشاركة في الدورة الرابعة للاجتماع الوزاري لمنتدى التعاون الصيني العربي في بكين، الصين. وأشاد الرئيس هو جينتاو إشادة عالية بمدى تطور العلاقات الصينية العربية، وأعرب عن تهانيه بالذكرى الـ65 لتأسيس جامعة الدول العربية ونجاح الدورة الرابعة للاجتماع الوزاري لمنتدى التعاون الصيني العربي. وأعرب الرئيس هو جينتاو عن حرص الصين على دفع علاقات التعاون الاستراتيجي الصينية العربية من المجالات الثلاثة التالية: أولا، تعزيز الثقة السياسية المتبادلة وتعميق التعاون الدولي. ثانيا، الالتزام بالمنفعة المتبادلة وتوسيع التعاون الاقتصادي والتجاري. ثالثا، تناقل الصداقة التقليدية وتعزيز التعاون الشعبي. كما أكد الرئيس هو جينتاو على استعداد الصين للعمل مع الجانب العربي على تطوير "منتدى التعاون الصيني العربي" ودفع العلاقات الصينية العربية الجماعية والثنائية لتحقيق تطور أكبر، بما يفتح مشهدا جديدا لعلاقات التعاون الاستراتيجي بين الصين والدول العربية.

أعرب السيد موسى كوسا رئيس الجانب العربي للدورة الرابعة للاجتماع الوزاري لمنتدى التعاون الصيني العربي أمين اللجنة الشعبية العامة للاتصال الخارجي والتعاون الدولي الليبي والسيد عمرو موسى الأمين العام للجامعة العربية عن اتفاقهما التام مع رؤية الرئيس هو جينتاو المهمة حول تطوير علاقات التعاون الاستراتيجي الصينية العربية، وأشارا إلى أن الجانبين أجرا المناقشات بشأن سبل تطوير التعاون الاستراتيجي الصيني العربي في الدورة الرابعة للاجتماع الوزاري لمنتدى التعاون الصيني العربي، وتوصلا إلى توافق هام وحققا نجاحا كبيرا. إن الصين شريك التعاون الاستراتيجي للعالم العربي، والتعاون بين الجانبين حقق تطورا مطردا في المجالات الاقتصادية والتجارية والثقافية، الأمر الذي يرسي الأساس للشراكة المتينة والحيوية بين الجانبين. وتدعم الصين بثبات عملية السلام في الشرق الأوسط، وتلعب دورا متزايد الأهمية في إحلال السلم والأمن في المنطقة. في المقابل، تلتزم الدول العربية بسياسة الصين الواحدة وتدعم قضية إعادة التوحيد السلمي للصين. في ظل الأوضاع الجديدة، تحرص الدول العربية على تعزيز التنسيق والتعاون مع الصين ومواصلة تطوير المنتدى، بما يجعل علاقات التعاون الاستراتيجي بينهما نموذجا للعلاقة بين الدول.

بين يومي 18 و25 يونيو، عقدت الدورة الثانية لمهرجان الفنون العربية في بكين وشنغهاي، الصين، تحت شعار "التواصل الفني والحوار بين الحضارات"، وتكوّن المهرجان من 3 فعاليات، أي منتدى الثقافات الصينية العربية والعروض الفنية للوفود العربية ومعرض الفنون العربية، وشارك فيه حوالي 300 فنان من الصين و14 دولة عربية.

بين يومي 23 و26 أكتوبر، عقدت الدورة الثالثة لمؤتمر الصداقة الصينية العربية في عاصمة ليبيا طرابلس، تحت شعار "خلق آفاق واعدة للصداقة الصينية العربية"، وشارك فيه ممثلون من وفد الصداقة الصينية العربية وجامعة الدول العربية ورابطة جمعيات الصداقة العربية الصينية و10 منظمات شعبية عربية صديقة للصين. تبادل حضور المؤتمر وجهات النظر حول سبل تعزيز التعاون الصيني العربي في مختلف المجالات من المنظور الشعبي، واعتمد المؤتمر "البيان الصحفي المشترك" و"خطة العمل للتواصل الشعبي الصيني العربي 2010 - 2012".

عام 2011

بين يومي 22 و23 مايو، عقدت الدورة الثامنة لاجتماع كبار المسؤولين لمنتدى التعاون الصيني العربي في عاصمة قطر الدوحة. وترأس الاجتماع السيد تشن شياودونغ الأمين العام للجانب الصيني للمنتدى مدير عام إدارة غربي آسيا وشمالي إفريقيا بوزارة الخارجية الصينية والسفير سيف بن مقدم البوعينين رئيس الوفد القطري مساعد وزير الخارجية القطري. وحضر الاجتماع ممثلو وزارات الخارجية والتجارة والثقافة الصينية ومسؤولون من وزارات الخارجية لـ17 دولة عربية والأمانة العامة لجامعة الدول العربية والمنظمة العربية للتنمية الزراعية وأعضاء السلك الدبلوماسي العربي لدى الصين. واستعراض الاجتماع مدى التنفيذ للفعاليات في إطار "البرنامج التنفيذي للمنتدى 2010 - 2012" وناقش سبل تطوير آليات المنتدى وآفاقه، وأجرى المشاورات السياسية حول القضايا الدولية والإقليمية ذات الاهتمام المشترك. كما تبادل المشاركون الآراء حول الأعمال التحضيرية للدورة الخامسة للاجتماع الوزاري المقرر عقدها في تونس عام 2012. واعتمد الاجتماع الوثائق الختامية.

بين يومي 20 و24 سبتمبر، عقدت الدورة الأولى لملتقى التعاون الصيني العربي في مجال الإذاعة والتلفزيون في مدينة ينتشوان بمنطقة نينغشيا ذاتية الحكم لقومية هوي في الصين، تحت شعار "التواصل والتعاون والتنمية المشتركة"، وحضر الملتقى أكثر من 80 ممثلا من الصين ومصر والأردن والسعودية وغيرها من 13 دولة، بالإضافة إلى المنظمات الدولية مثل جامعة الدول العربية واتحاد إذاعات الدول العربية. وأجرى الملتقى المناقشات المعمقة حول المحاور الأربع، أي "سياسة الإذاعة والتلفزيون للصين والدول العربية" و"التواصل والتعاون بين الصين والدول العربية في مجال الإذاعة والتلفزيون"

و"عملية التحول الرقمي للإذاعة والتلفزيون" و"مسؤولية وسائل الإعلام". وتم اعتماد "إعلان ينتشوان لملتقى التعاون الصيني العربي في مجال الإذاعة والتلفزيون".

في يوم 26 سبتمبر، التقى وزير الخارجية الصيني يانغ جيتشي مع الأمين العام لجامعة الدول العربية نبيل العربي في مقر الأمم المتحدة بنيويورك. وقال يانغ جيتشي إن علاقات التعاون الاستراتيجي بين الصين والدول العربية قطعت أشواطا بعيدة في السنوات الأخيرة، وبلغت العلاقات بين الجانبين مستوى جديدا. وتأمل الصين في زيادة إثراء مقومات التعاون الاستراتيجي بين الجانبين وتطوير "منتدى التعاون الصيني العربي". وتعلق الصين أهمية بالغة على دور الجامعة العربية المهم في استقرار منطقة غربي آسيا وشمالي أفريقيا، مستعدة للعمل مع الجامعة العربية من أجل تعزيز السلام والاستقرار والتنمية في المنطقة. من جانبه، قال نبيل العربي إن علاقات التعاون الاستراتيجي الصينية العربية تتطور بصورة جيدة، حيث يشارك الجانبان نفس الأهداف، وينسقان مع بعضهما البعض بشكل وثيق. وتثمن الدول العربية وقوف الصين الدائم إلى جانب القضايا العربية العادلة، وترغب في تعزيز التعاون بين الجانبين في الشؤون الدولية والإقليمية والتعاون في إطار "منتدى التعاون الصيني العربي". فيما يتعلق بقضية فلسطين، أكد يانغ جيتشي أن الصين تعتقد دائما بأن إقامة دولة مستقلة حقا مشروعا غير قابل للتصرف للشعب الفلسطيني، وتدعم إقامة دولة فلسطينية مستقلة ذات سيادة كاملة على أساس حدود عام 1967 وعاصمتها القدس الشرقية. وأعرب نبيل العربي عن تقديره لدعم الصين لمطالب الجانب الفلسطيني المشروعة.

بين يومي 27 و28 ديسمبر، عقدت الدورة الرابعة لندوة العلاقات الصينية العربية والحوار بين الحضارتين الصينية والعربية في عاصمة الإمارات أبو ظبي. وحضر الندوة نحو 100 شخص من وزارة الخارجية ووزارة الثقافة والباحثون من المؤسسات البحثية والجامعات الصينية وكذلك ممثلون من 18 دولة عربية والجامعة العربية. وأجرت الندوة الحوارات والمناقشات المعمقة حول عدة المحاور، بما فيه "القيم المشتركة للحضارتين الصينية والعربية" و"الشخصيات الصينية والعربية البارزة في دفع الفهم المتبادل والحوار بين الحضارتين الصينية والعربية في التاريخ والعصر المعاصر" و"الحوار بين الحضارات ودوره في تعزيز التعاون الاستراتيجي الصيني العربي" و"الثقافة الإسلامية

في الصين وأهميتها في تعزيز الفهم المتبادل والحوار بين الحضارتين والثقافتين الصينية العربية" و"دور وسائل الإعلام الصينية والعربية في تعميق الفهم المتبادل وإثراء مقومات الحوار بين الحضارتين الصينية والعربية". واعتمدت الندوة "التقرير الختامي".

عام 2012

في يوم 18 يناير، عقدت الدورة الرابعة لمؤتمر رجال الأعمال وندوة الاستثمارات لمنتدى التعاون الصيني العربي في الشارقة بالإمارات. وحضر رئيس مجلس الدولة ون جياباو الجلسة الافتتاحية وألقى فيها الكلمة الرئيسية بعنوان "تضافر الجهود لخلق مستقبل مشرق للتعاون الصيني العربي". أشار ون جياباو إلى أن التعاون الاقتصادي والتجاري يعد الجزء الأقدم والأنشط للعلاقات الصينية العربية، وهو رابطة مهمة بين الشعبين، وأتى بفوائد ملموسة للشعبين وعزز رفاهيتهما. كلما يتنامى التعاون الاقتصادي والتجاري بين الصين والدول العربية. كلما تطورت العلاقات الاقتصادية والتجارية، كلما ترسخت العلاقات بين الجانبين، وتوطدت الصداقة التقليدية بين الشعبين. يعد إنشاء منطقة التجارة الحرة بين الصين ومجلس التعاون الخليجي خطوة هامة لتعزيز التعاون الاقتصادي والتجاري بين الجانبين، وسيشكل معلما في مسيرة العلاقات الصينية العربية. فيجب على الجانبين إظهار المزيد من الإرادة السياسية لإنهاء المفاوضات والتوقيع على اتفاقية منطقة التجارة الحرة في أسرع وقت ممكن. ويجب علينا تضافر الجهود بعقلية أكثر انفتاحا وصدر أكثر رحابة، لإيجاد النقاط المشتركة وترك الخلافات ونبذ التحيز وحل المنازعات بشكل عقلاني وتعزيز التعاون متبادل المنفعة والحفاظ على السلام، سعيا لبناء عالم تسوده السعادة والأمان والانسجام والاستقرار. وحضر الجلسة الافتتاحية المسؤولون الحكوميون من المجلس الصيني لتنمية التجارة الدولية وغرفة التجارة والصناعة بالشارقة وجامعة الدول العربية وممثلون لرجال الأعمال الصينيين والعرب.

بين يومي 25 و31 مارس، عقدت الدورة الثانية لمهرجان الفنون الصينية في عاصمة البحرين المنامة. وحضر مراسم الافتتاح أكثر من 700 شخص، بمن فيهم الممثلون من وزارة الثقافة الصينية ووزارة خارجية البحرين والشركات الصينية في

البحرين والصينيين المغتربين والطلاب الصينيين المبتعثين.

بين يومي 24 و25 إبريل، عقدت الدورة الثالثة لندوة التعاون الصيني العربي في المجال الإعلام في مدينة قوانغتشو بمقاطعة قوانغدونغ، الصين، تحت شعار "تعزيز التعاون الإعلامي لتطوير العلاقات الاقتصادية والتجارية بين الصين والدول العربية"، وحضر الندوة أكثر من 100 شخص، من بينهم المسؤولون لشؤون الإعلام في الحكومة الصينية وحكومات الدول الأعضاء لجامعة الدول العربية، ومسؤولو الامانة العامة لجامعة الدول العربية، ومسؤولو وسائل الإعلام الرئيسية والخبراء وممثلو الشركات المعنية. وأجرى الجانبان المناقشات المعمقة حول "دور وسائل الإعلام في تعزيز العلاقات الاقتصادية والتجارية" و"سبل استخدام تكنولوجيا وسائل الإعلام الجديدة لتعزيز التعاون الاقتصادي والتجاري". وأصدرت الندوة "البيان المشترك للدورة الثالثة لندوة التعاون الصيني العربي في المجال الإعلام".

بين يومي 4 و9 مايو، قام الأمين العام لجامعة الدول العربية نبيل العربي بالزيارة إلى الصين. في صباح يوم 8 مايو، أجرى وزير الخارجية الصيني يانغ جيتشي المباحثات معه. وأشاد يانغ جيتشي بالدور الإيجابي للجامعة العربية في تدعيم السلام والاستقرار على المستويين الدولي والإقليمي، شكر الدول العربية والجامعة العربية على الدعم الثابت للقضايا المتعلقة بالمصالح الجوهرية والانشغالات الكبرى للصين، مؤكدا أن حكومة الصين تولي اهتماما بالغا لتطوير علاقات الصداقة مع الدول العربية والجامعة العربية، وتدعم بثبات قضايا الأمة العربية العادلة، وتدعم الدول العربية لاستكشاف الطرق التنموية المتناسبة مع ظروفها الوطنية، تعمل على تعزيز السلام والتنمية في الشرق الأوسط. من جانبه، أعرب نبيل العربي عن شكره للصين على دعمها الثمين والدائم لقضايا الأمة العربية العادلة، وأكد أن الصداقة الصينية العربية لها أسس متينة وحققت نتائج مثمرة في كافة المجالات، وتتمتع بآفاق واعدة في المستقبل. وتولي الدول العربية أهمية بالغة لتطوير علاقاتها مع الصين، مستعدة للعمل سويا مع الصين على خلق مستقبل مشرق للعلاقات الصينية العربية. كما تبادل الجانبان وجهات النظر على نحو معمق حول الأعمال التحضيرية للاجتماع الوزاري الخامس لمنتدى التعاون الصيني العربي والأوضاع في غربي آسيا وشمالي أفريقيا.

في يوم 8 مايو، التقى نائب الرئيس الصيني شي جينبينغ مع الدكتور نبيل العربي

الأمين العام لجامعة الدول العربية في قاعة الشعب الكبرى ببكين، الصين. قال شي جينبينغ إن الجامعة العربية منظمة إقليمية مهمة، ظلت تعلب دورا فريدا في شؤون الشرق الأوسط، وتزداد أهميتها في ظل الأوضاع الحالية. وتقدر الصين عاليا حرص الجامعة العربية على تطوير التعاون الجماعي بين الصين والدول العربية وتبنيها القرارات الداعية إلى تعزيز العلاقات مع الصين في السنوات الأخيرة، ودعمها الثمين للصين في القضايا المتعلقة بمصالحها الجوهرية وانشغالاتها الكبرى. كما تدعم الصين دائما وبثبات قضايا الدول العربية العادلة لاستعادة حقوقها الوطنية المشروعة، وتدعم التضامن والتقوية الذاتية للدول العربية، وتتطلع إلى دور أكبر ورائد للجامعة العربية في العالم العربي لتعزيز الصداقة الصينية العربية. أكد شي جينبينغ أن الحوار والتعاون الجماعي بين الصين والدول العربية يشهد تطورا مستمرا في القرن الجديد، كما يتقدم البناء المؤسسي لمنتدى التعاون الصيني العربي. في ظل الظروف الراهنة، تكتسب زيادة تعميق علاقات التعاون الاستراتيجي بين الصين والدول العربية أهمية كبيرة في بناء عالم منسجم يسوده السلام الدائم والرخاء المشترك وتدعيم السلام والاستقرار في الشرق الأوسط. ويتعين على الجانبين تعزيز الثقة السياسية المتبادلة وتعميق التعاون الاستراتيجي، وتوسيع التعاون العملي القائم على المنفعة المتبادلة، وتكثيف التواصل الشعبي والحوار بين الحضارتين، وتعزيز البناء المؤسسي لمنتدى التعاون الصيني العربي وتعزيز الدور الرائد للمنتدى في تطوير العلاقات الصينية العربية. وإن حكومة الصين تولي اهتماما كبيرا للاجتماع الوزاري الخامس للمنتدى المرتقب، وتأمل من الجانبين اغتنام هذه الفرصة للارتقاء بعلاقات التعاون الاستراتيجي الصينية العربية إلى مستوى أعلى.

من جانبه، قال الأمين العام نبيل العربي إن الجانب العربي يولي اهتماما كبيرا لعلاقاته مع الصين، ويعتقد أن الحفاظ على علاقة وثيقة وطويلة الأمد مع الصين يخدم مصلحة الدول العربية ويخدم أيضا السلام والاستقرار والتنمية في المنطقة. وأعرب عن شكره للصين كعضو دائم بمجلس الأمن الدولي على دعمها الدائم لقضايا الدول العربية العادلة، وسجل التقدير العالي لدور الصين الإيجابي في الشؤون الدولية وشؤون الشرق الأوسط، قائلا إن الصين هي الدولة الكبيرة الوحيدة في العالم التي تدعم مطالب الدول النامية العادلة بشكل حقيقي، مضيفا أن منتدى التعاون العربي الصيني حقق نجاحا

هائلا منذ تأسيسه، ويحرص الجانب العربي على بذل جهود مشتركة مع الصين لإنجاح الاجتماع الوزاري الخامس للمنتدى المرتقب، بما يجعل علاقات التعاون الاستراتيجي الصينية العربية تواكب الوضع الجديد ويحقق تطورا جديدا. كما تبادل الجانبان وجهات النظر حول الأوضاع في غربي آسيا وشمالي أفريقيا.

بين يومي 29 و30 مايو، عقدت الدورة التاسعة لاجتماع كبار المسؤولين لمنتدى التعاون الصيني العربي في مدينة الحمامات بتونس. وحضر الاجتماع نائب وزير الخارجية الصيني تشاي جيون والمسؤولون من وزارات الخارجية للدول العربية والأمانة العامة للجامعة العربية. واستعرض الجانبان الفعاليات المقامة في إطار المنتدى منذ الدورة الرابعة للاجتماع الوزاري، وتبادلا وجهات النظر حول الأعمال التحضيرية للدورة الخامسة للاجتماع الوزاري وأجريا المشاورات السياسية حول القضايا الدولية والاقليمية ذات الاهتمام المشترك، وتوصلا إلى توافق واسع النطاق.

في يوم 31 مايو، عقدت الدورة الخامسة للاجتماع الوزاري لمنتدى التعاون العربي الصيني في مدينة الحمامات بتونس، تحت الشعار "تعميق التعاون الاستراتيجي ودعم التنمية المشتركة". وحضر المنتدى الرئيس التونسي محمد المنصف المرزوقي ووزير الخارجية التونسي رفيق عبد السلام ووزير الخارجية الصيني يانغ جيتشي والأمين العام لجامعة الدول العربية نبيل العربي والوزراء وممثلوهم من 20 دول عربية. قام الجانبين الصيني والعربي بتبادل وجهات النظر حول القضايا الدولية والإقليمية الهامة ذات الاهتمام المشترك، واستعراض النتائج المثمرة للتعاون الصيني العربي في العامين الماضيين، ومناقشة سبل تطوير المنتدى، وتم التوصل إلى عديد من التوافقات. واعتمد الاجتماع وثيقتين ختاميتين، أي "البيان المشترك للدورة الخامسة للاجتماع الوزاري لمنتدى التعاون العربي الصيني" و"البرنامج التنفيذي لمنتدى التعاون العربي الصيني بين عامي 2012 - 2014"، وتبادل الجانبان وجهات النظر بشكل معمق حول الدعم المتبادل في القضايا المتعلقة بالمصالح الجوهرية للجانب الآخر، ومكافحة القرصنة في المياه قبالة سواحل الصومال والطاقة وحماية البيئة ومكافحة التصحر والزراعة والسياحة والموارد البشرية والحوار بين الحضارات والتربية والتعليم والعلوم والتكنولوجيا والصحة والإعلام والرياضة، وتوصلا إلى توافقات مهمة.

بين يومي 13 و14 سبتمبر، عقدت الدورة الرابعة لمؤتمر الصداقة الصينية العربية

في مدينة ينتشوان بمنطقة نينغشيا الصينية، تحت الشعار "تعزيز التعاون بالصداقة والسعي وراء التنمية بالتواصل"، وحضر المؤتمر الممثلون من أكثر من 20 دولة عربية وجامعة الدول العربية. وقام المؤتمر بتقييم مدى التنفيذ لـ"خطة العمل للتواصل الشعبي بين الصين والدول العربية 2010 - 2012"، وناقش وتبنى "البيان الصحفي المشترك" و"خطة العمل للتواصل الشعبي بين الصين والدول العربية 2012 - 2014".

بين يومي 16 و17 سبتمبر، عقدت الدورة الثالثة لمؤتمر التعاون الصيني العربي في مجال الطاقة في مدينة ينتشوان بمنطقة نينغشيا، الصين. وحضر الجلسة الافتتاحية الممثلون من الهيئة الوطنية الصينية للطاقة ووزارة الخارجية الصينية والأمانة العامة لجامعة الدول العربية ومنظمة الأقطار العربية المصدرة للبترول والممثلون من الأجهزة العربية المعنية بالطاقة وشركات الطاقة المعنية. وتبادل الجانبان وجهات النظر بشكل معمق حول "آفاق التعاون الصيني العربي في مجال الطاقة وسبل تعزيز هذا التعاون" و"التعاون في مجال الطاقة المتجددة" و"تعزيز التعاون في قطاعات النفط والغاز الطبيعي والكهرباء". واعتمد المؤتمر "البيان المشترك".

عام 2013

في يوم 29 مايو، عقدت الدورة العاشرة لاجتماع كبار المسؤولين لمنتدى التعاون الصيني العربي في بكين، الصين، وحضر نائب وزير الخارجية الصيني تشاي جيون الجلسة الافتتاحية وألقى فيها الكلمة. وترأس الاجتماع الأمين العام للجانب الصيني لمنتدى التعاون الصيني العربي مدير عام إدارة غربي آسيا وشمالي إفريقيا بوزارة الخارجية الصينية تشن شياودونغ ورئيس وفد مصر، التي تتولى الرئاسة الدورية لمجلس جامعة الدول العربية على مستوى وزراء الخارجية، مساعد وزير الخارجية المصري مندوب مصر لدى الجامعة العربية السفير عمرو أبو العطا، وشارك فيه الممثلون من وزارات الخارجية والتربية والتعليم والصناعة والمعلوماتية وغيرها من الوزارات الصينية، ونائب الأمين العام للجامعة العربية السفير أحمد بن حلي والمسؤولون عن العلاقات الصينية العربية وشؤون المنتدى من وزارات الخارجية العربية والأمانة العامة للجامعة العربية والسفراء العرب لدى الصين. وقام المؤتمرون بتقييم مدى التنفيذ للوثائق الصادرة عن الدورة الخامسة للاجتماع الوزاري للمنتدى، وتحديد أبرز المجالات والخطوات لتنفيذ "البرنامج التنفيذي للمنتدى بين عامي 2012 و2014" في المرحلة القادمة، وتبادل وجهات النظر بشكل معمق حول الأعمال التحضيرية للدورة السادسة للاجتماع الوزاري المزمع عقدها في الصين والفعاليات الاحتفالية بمناسبة الذكرى العاشرة لتأسيس المنتدى، بالإضافة إلى إجراء المشاورات السياسية حول القضايا الدولية والإقليمية ذات الاهتمام المشترك، وتوصلوا إلى توافق واسع النطاق. كما تم تبني "الوثيقة الختامية" للاجتماع.

في يوم 30 مايو، أجرى وزير الخارجية الصيني وانغ يي مقابلة جماعية مع رؤساء وفود الدول العربية ورئيس وفد جامعة الدول العربية المشاركين في الدورة العاشرة لاجتماع كبار المسؤولين لمنتدى التعاون الصيني العربي في الصين. وأعرب وانغ يي عن

تهانيه بالنجاح الذي تكلل به هذا الاجتماع، مؤكدا على أن الحكومة الصينية الجديدة تولي بالغ الاهتمام لتطوير علاقات الصداقة والتعاون مع الدول العربية، مستعدة لانتهاز فرصة الذكرى العاشرة لتأسيس المنتدى والدورة السادسة للاجتماع الوزاري المزمع عقدها في الصين، وتضافر الجهود مع الجانب العربي، لجعل المنتدى جسر الصداقة والتعاون والتنمية الذي يربط بين الشعب الصيني والشعوب العربية في المرحلة الجديدة.

من جانبه، أعرب رئيس الجانب العربي للاجتماع مساعد وزير الخارجية المصري مندوب مصر الدائم لدى الجامعة العربية السفير عمرو أبو العطا ونائب الأمين العام للجامعة العربية السفير أحمد بن حلي عن التقدير العالي لجهود الصين في تعزيز الصداقة والتعاون بين الجانبين، وعبرا عن الشكر للجانب الصيني على دعمه الثابت والمستمر للقضايا العادلة للدول العربية، مؤكدين على أن الجانب العربي ينظر إلى الصين كشريك استراتيجي مهم، ويتطلع إلى إحراز إنجازات أكبر لعلاقات التعاون الاستراتيجي الصينية العربية من خلال إقامة الفعاليات ذات الصلة في إطار المنتدى.

في يومي 27 و28 يونيو، عُقدت الدورة الخامسة لندوة العلاقات الصينية العربية والحوار بين الحضارتين الصينية والعربية في إطار منتدى التعاون الصيني العربي في مدينة أورومتشي بمنطقة شينجيانغ الصينية، وحضر الندوة حوالي 100 شخص من وزارة الخارجية ووزارة الثقافة والمراكز البحثية المعروفة والجامعات والمعاهد الصينية والممثلون من الدول العربية وجامعة الدول العربية. أجرى الجانبان حوارات ومناقشات معمقة حول "دور الحضارتين الصينية والعربية في إثراء مقومات الحضارة البشرية" و"دور الحوار بين الحضارات في تعزيز علاقات التعاون الاستراتيجية الصينية العربية في المرحلة الجديدة" و"التفاعل والتمازج بين الثقافتين الصينية والعربية"، "ودور المؤسسات الفكرية والخبراء والباحثين في تعزيز الحوار بين الحضارتين الصينية والعربية". وتبنت الندوة "التقرير الختامي".

بين يومي 13 و16 سبتمبر، انعقدت الدورة الثانية لملتقى التعاون الصيني العربي في مجال الإذاعة والتلفزيون تحت شعار "التبادل والتعاون لتحقيق المنفعة المتبادلة والكسب المشترك" في مدينة ينتشوان بمنطقة نينغشيا الصينية، حيث ناقش الجانبان بشكل معمق حول "السياسات الصينية والعربية في مجال الإذاعة والتلفزيون" و"التبادل والتعاون الصيني العربي في مجال الإذاعة والتلفزيون" و"التطور التقني وعملية الرقمنة

في مجال الإذاعة والتلفزيون" و"مسؤولية الإذاعة والتلفزيون في دفع التنمية الاقتصادية والثقافية الوطنية والحفاظ على التناغم الاجتماعي". على هامش الملتقى، وقعت الصين والدول العربية واتحاد إذاعات الدول العربية على عدد من اتفاقيات التعاون وإقامة فعاليات ترويج البرامج الإذاعية والتلفزيونية الصينية العربية ومعرض التقنية والأجهزة الإذاعية والتلفزيونية الصينية العربية. كما تبنى الملتقى "محضر ملتقى التعاون الصيني العربي في مجال الإذاعة والتلفزيون عام 2013".

في يوم 25 سبتمبر، أجرى وزير الخارجية الصيني وانغ يي مقابلة مع أمين عام جامعة الدول العربية نبيل العربي في مقر الأمم المتحدة بنيويورك. قال وانغ يي إن الحكومة الصينية الجديدة تولي اهتماما بالغا لتطوير العلاقات مع كافة الدول العربية وجامعة الدول العربية وتعتبر الدول العربية شريك التعاون ذا الأولوية. ويدعم الجانب الصيني جهود الدول العربية في استكشاف طرق تنموية تتماشى مع ظروفها الوطنية بشكل مستقل ويسعى إلى تعزيز السلام والاستقرار والتنمية في منطقة الشرق الأوسط. وينتمي كل من الصين والدول العربية إلى العالم النامي وتربطهما المصالح والمطالب المشتركة واسعة النطاق. في الوقت الحاضر، يواجه الجانبان مهمة إنهاض الأمة وتنمية الاقتصاد وتحسين معيشة الشعب، فإن الجانب الصيني مستعد لبذل جهود مشتركة مع الجانب العربي لتحقيق مزيد من النتائج الملموسة للتعاون الجماعي الصيني العربي. كما تبادل الجانبان وجهات النظر حول المسألة السورية والقضية الفلسطينية.

في يوم 9 ديسمبر، انعقدت الدورة الخامسة لمؤتمر رجال الأعمال والدورة الثالثة لندوة الاستثمارات لمنتدى التعاون الصيني العربي في مدينة تشنغدو بمقاطعة سيتشوان الصينية، تحت شعار "تعميق التعاون متبادل المنفعة وتعزيز التنمية المشتركة". وحضر المؤتمر أكثر من 550 شخصا من الأجهزة الحكومية ولجان تنمية الاقتصاد والتجارة وغرف التجارة والجمعيات للصين و15 دولة عربية. وأجرى الجانبان المناقشات المعمقة حول الوضع الحالي للتجارة والاستثمار بين الصين والدول العربية وآفاقها وغيرها من المواضيع، كما وقعا على محضر المؤتمر.

عام 2014

في يوم 4 يونيو، عقدت الدورة الحادية عشرة لاجتماع كبار المسؤولين لمنتدى التعاون الصيني العربي في بكين، الصين، وحضر نائب وزير الخارجية الصيني تشانغ مينغ الجلسة الافتتاحية وألقى فيها الكلمة الرئيسية. وكان الاجتماع تحت الرئاسة المشتركة من الأمين العام للجانب الصيني لمنتدى التعاون الصيني العربي مدير عام إدارة غربي آسيا وشمالي إفريقيا بوزارة الخارجية الصينية تشن شياودونغ ورئيس الوفد العربي المندوب المغربي الدائم لدى جامعة الدول العربية ونائب الامين العام للجامعة العربية السفير أحمد بن حلي، وشارك فيه المسؤولون من 21 دولة عربية والأمانة العامة للجامعة العربية والسفراء العرب لدى الصين. وقام الاجتماع باستعراض وتقييم الإنجازات التي حققها المنتدى منذ تأسيسه قبل عشرة أعوام وبحث آفاقه في المستقبل، ومراجعة **جدول الأعمال** والوثائق الختامية للدورة السادسة للاجتماع الوزاري المزمع عقدها في بكين، وإجراء المشاورات السياسية حول القضايا الدولية والإقليمية ذات الاهتمام المشترك، تمهيدا للدورة السادسة للاجتماع الوزاري.

في يوم 4 يونيو، التقى وزير الخارجية الصيني وانغ يي مع أمين عام جامعة الدول العربية نبيل العربي الزائر للصين لحضور الدورة السادسة للاجتماع الوزاري لمنتدى التعاون الصيني العربي في الصين. وقال وانغ إن الجانب الصيني يولي اهتماما بالغا لدور الجامعة العربية الفريدة في تعزيز التضامن بين الدول العربية وتطوير اقتصاداتها وحماية مصالحها، وستواصل الصين دعم الانشغالات الأساسية للدول العربية بشأن القضية الفلسطينية وغيرها من القضايا، ودعم القضايا العادلة للدول العربية للحفاظ على الحقوق الوطنية المشروعة، ودعم الدول العربية للتضامن والتقوية الذاتية والاستكشاف المستقل للطرق التنمية المتناسبة مع ظروفها الوطنية. ويسجل الجانب الصيني تقديرا عاليا

لقرارات مجلس جامعة الدول العربية على مستوى وزراء الخارجية على مدى سنوات عديدة بشأن تعزيز العلاقات مع الصين، مضيفا أنه مهما كانت التغيرات في الوضع الدولي والإقليمي، لن تتغير عزيمة الصين الثابتة في تناقل الصداقة الصينية العربية، ولن تتغير سياسة الصين القائمة بشأن تعميق التعاون الاستراتيجي الصينية العربية، ولن يتغير الهدف المشترك للجانبين المتمثل في الحفاظ على السلام والاستقرار في المنطقة. من جهته، أعرب نبيل العربي عن التقدير العالي لحضور الرئيس شي جينبينغ المرتقب للجلسة الافتتاحية للاجتماع الوزاري، معبرا عن ثقته بأن مبادرة التعاون التي سيطرحها الرئيس شي جينبينغ ستجد إقبالا كبيرا من جميع الدول العربية. كما ناقش الجانبان الأعمال التحضيرية في المرحلة الأخيرة للاجتماع الوزاري، واتفقا على أن هذه الدورة من الاجتماع الوزاري تصادف الذكرى العاشرة لتأسيس المنتدى، فهي حدث مهم في مسيرة العلاقات الصينية العربية يكتسي أهمية مفصلية لربط الماضي الباهر بالمستقبل الواعد. وبفضل التضامن والتنسيق المكثف بين الجانبين، حققت الأعمال التحضيرية للاجتماع إنجازات مرموقة، إنه على ثقة بأن هذه الدورة من الاجتماع ستحقق إنجازات مهمة.

في يوم 5 يونيو، عقدت الدورة السادسة للاجتماع الوزاري لمنتدى التعاون الصيني العربي في بكين الصينية، والتقى الرئيس الصيني شي جينبينغ مع رؤساء الوفود العربية المشاركين في قاعة الشعب الكبرى ببكين، حيث قال إن الصين تعتز بعلاقاتها مع الدول العربية، تدفع تطور هذه العلاقة من الزاوية الاستراتيجية وطويلة الأمد. ونلتزم بـ"عدم تزعزع الأربعة" للأصدقاء العرب، أولا، لا يتزعزع موقفنا الداعم لعملية السلام في الشرق الأوسط والحفاظ على الحقوق المشروعة للأمة العربية. ثانيا، لا يتزعزع اتجاهنا نحو دفع الحل السياسي وتعزيز السلام والاستقرار في الشرق الأوسط. ثالثا، لا تتزعزع عقليتنا لدعم جهود الدول العربية لاستكشاف طرق التنمية بشكل مستقل ومساعدها على تحقيق التنمية. رابعا، لا تتزعزع قيمنا لدفع الحوار بين الحضارات وتكريس النظام الحضاري الجديد. كما أشار الرئيس شي جينبينغ إلى أن عام 2014 يصادف الذكرى العاشرة لتأسيس منتدى التعاون الصيني العربي، وتقف العلاقات الصينية العربية عند نقطة انطلاق جديدة، وتستعرض الإنجازات الماضية وتبشر بالآفاق المستقبلية، فانعقاد هذه الدورة من الاجتماع الوزاري في هذا التوقيت يكتسب أهمية واقعية كبيرة، آملا من الجانبين تضافر الجهود لإنجاح الاجتماع وحسن تطوير المنتدى، بما يخلق مستقبلا أكثر

إشراقا للعلاقات الصينية العربية.

قال الشيخ جابر مبارك الحمد الصباح رئيس مجلس الوزراء للكويت التي تتولى الرئاسة الدورية لمجلس الجامعة العربية على مستوى القمة إن الجانب العربي يقدر عاليا الموقف العادل والثابت للجانب الصيني من القضايا العربية، ويحمل رغبة قوية وصادقة في تطوير علاقات التعاون الاستراتيجي الصينية العربية، إن الجانب العربي مستعد للعمل سويا مع الجانب الصيني على إنجاح الاجتماع وتعميق التعاون بين الجانبين وتحقيق التنمية المشتركة.

أكد رئيس الجانب العربي للاجتماع وزير الشؤون الخارجية والتعاون المغربي صلاح الدين مزوار أن العلاقات الصينية العربية تتميز بالتاريخ الطويل والأسس المتينة والمستقبل الواعد، يحرص الجانب العربي على العمل مع الجانب الصيني على تطوير منتدى التعاون الصيني العربي بشكل جيد، وتركيز الجهود على بناء "الحزام والطريق"، وتضافر الجهود في مكافحة الإرهاب، والحفاظ على السلام والاستقرار على المستويين الدولي والإقليمي بجهود مشتركة.

بعد اللقاء، حضر الرئيس شي جينبينغ الجلسة الافتتاحية وألقى كلمة مهمة بعنوان "تكريس روح طريق الحرير، تعميق التعاون الصيني العربي". وأكد الرئيس شي جينبينغ أن أجداد الشعبي الصيني والعربي كانوا في طليعة أمم العالم بالتواصل الودي بينهم. في الوقت الحاضر، تواجه الأمتان المهام والتحديات المشتركة لتحقيق النهضة، آملا من الجانبين تكريس روح طريق الحرير واتخاذ التعاون لبناء الحزام الاقتصادي لطريق الحرير وطريق الحرير البحري في القرن الحادي والعشرين كفرصة جديدة ومنطلقة جديدة، وتعميق علاقات التعاون الاستراتيجي الصينية العربية القائمة على التعاون الشامل والتنمية المشتركة. وأشار إلى أن السنوات العشر المقبلة ستكون مرحلة حيوية لتنمية كلا الجانبين. والمهام والتحديات المشتركة لتحقيق نهضة الأمة تتطلب منا تكريس روح طريق الحرير، وتعزيز الاستفادة المتبادلة بين الحضارات، واحترام حق الآخرين في اختيار الطرق، والالتزام بالتعاون والكسب المشترك، وإعلاء الحوار والسلام. وشدد الرئيس شي جينبينغ على أن "الحزام والطريق" طريق نحو المنفعة المتبادلة والكسب المشترك. كانت الصين والدول العربية تعارفت وتواصلت من خلال طريق الحرير، فإن الجانبين شريكان طبيعيان للتعاون في بناء "الحزام

والطريق". ويجب على الجانبين الالتزام بمبدأ التشاور والتعاون والمنفعة للجميع، وبناء المجتمع الصيني العربي للمصلحة المشتركة والمستقبل المشترك وإقامة معادلة التعاون "1+2+3". قال الرئيس شي جينبينغ إن تأسيس منتدى التعاون الصيني العربي الخيار الاستراتيجي الذي اتخذناه من أجل التطور طويل الأمد للعلاقات الصينية العربية، آملا من الجانبين اغتنام الفرص الجديدة الناجمة عن بناء "الحزام والطريق"، وتعزيز التنسيق السياسي وتعميق التعاون العملي ومواصلة العمل بروح الابتكار، والعمل على بناء المنتدى على أحسن وجه.

حضر الجلسة الافتتاحية الشيخ جابر مبارك الحمد الصباح رئيس مجلس وزراء الكويتي ومستشار الدولة الصيني يانغ جيتشي، وترأس الجلسة الافتتاحية وزير الخارجية الصيني وانغ يي.

شارك فيها الممثلون من الصين و21 دولة عربية والأمين العام لجامعة الدول العربية. وتم التوقيع على 3 وثائق ختامية، وهي "إعلان بجين للدورة السادسة للاجتماع الوزاري لمنتدى التعاون الصيني العربي" و"الخطة التنموية العشرية للفترة ما بين 2014 و2024" و"البرنامج التنفيذي للمنتدى بين عامي 2014 و2016". وأعرب الجانب العربي في الاجتماع عن تقديره لما طرحه الجانب الصيني من المقترح المتعلق بالتعاون في بناء "الحزام والطريق".

بين يومي 17 و18 يونيو، عقدت الدورة الأولى لملتقى المدن الصينية والعربية في إطار منتدى التعاون الصيني العربي في مدينة تشيوانتشو بمقاطعة فوجيان الصينية، تحت شعار "منطلق طريق الحرير وفصل جديد للتعاون"، وشارك فيه أكثر من 200 شخص، بمن فيهم ممثلو 19 مدينة عربية، والخبراء والباحثون والسفراء العرب لدى الصين. وتم إقرار "إعلان الدورة الأولى لملتقى المدن الصينية والعربية".

في يوم 3 أغسطس، أجرى وزير الخارجية الصيني وانغ يي محادثات مع الأمين العام لجامعة الدول العربية نبيل العربي في مقر الجامعة بالقاهرة، حيث قال وانغ إنه بفضل الجهود المشتركة للجانبين، حققت الدورة السادسة للاجتماع الوزاري لمنتدى التعاون الصيني العربي نجاحا كاملا، حيث وضع الرئيس شي جينبينغ التخطيط الشامل للمجالات الرئيسية واتجاه التنمية للتعاون الجماعي بين الجانبين في المستقبل، مما حدد الطريق للعلاقات الصينية العربية في السنوات العشر المقبلة. ويجب على الجانبين التحرك

على الفور، وتنفيذ مخرجات الاجتماع على الأرض. وأكد وانغ يي أنه فيما يتعلق بالقضايا الساخنة في الشرق الأوسط، ستحافظ الصين بحزم على مقاصد ومبادئ ميثاق الأمم المتحدة والقواعد الأساسية للعلاقات الدولية، وتحترم طرق التنمية التي تختارها شعوب دول المنطقة بنفسها، مع التمسك بالحل السياسي باعتباره الطريق الصحيح الوحيد. من جانبه، قال نبيل العربي إن الصين دائما تقف إلى جانب الحق على الساحة الدولية، وتدعم القضايا العادلة للدول العربية، وهي صديق حقيقي وموثوق، يمكن للدول العربية الاعتماد عليه. إن الجانب العربي يولي اهتماما بالغا لتطوير العلاقات مع الصين وبناء منتدى التعاون الصيني العربي، مستعدا لتضافر الجهود معها في تنفيذ مخرجات الدورة السادسة للاجتماع الوزاري والمشاركة في بناء "الحزام والطريق" على نحو شامل.

في يوم 10 سبتمبر، أقيم حفل الافتتاح لعام الصداقة الصينية العربية والدورة الثالثة لمهرجان الفنون العربية في بكين الصينية، وبعث الرئيس الصيني شي جينبينغ رسالة تهنئة، متمنيا للفعاليات التوفيق والنجاح، وقال إن التبادل الودي بين الصين والدول العربية يرجع إلى أزمنة بعيدة، ويزداد الصداقة التقليدية متانة مع مرور الزمان. وإن فعاليات عام الصداقة الصينية العربية ستعزز الفهم المتبادل والصداقة بين شعبي الجانبين وتسهم في توطيد الأسس الشعبية للتواصل والتعاون بين الجانبين. في الوقت الراهن، تقف العلاقات الصينية العربية على نقطة انطلاق جديدة تستعرض الإنجازات الماضية وتبشر بالآفاق المستقبلية، وقد أصبح السلام والتعاون والانفتاح والشمول والاستفادة المتبادلة والمنفعة المتبادلة والكسب المشترك السمات المهمة للعلاقات الصينية العربية. أولي اهتماما بالغا لتطوير هذه العلاقات، وظل الجانب الصيني ينظر إلى هذه العلاقات بنظرة استراتيجية وبعيدة المدى، مستعدا للعمل سويا مع الدول العربية على الارتقاء بعلاقات التعاون الاستراتيجي الصينية العربية القائمة على التعاون الشامل والتنمية المشتركة إلى مستويات جديدة. كما بعث أمير الكويت الشيخ صباح الأحمد الجابر الصباح، الذي تتولى بلاده الرئاسة الدورية لمجلس الجامعة العربية على مستوى القمة، رسالة التهنئة لعام الصداقة الصينية العربية.

بين يومي 17 و21 نوفمبر، عقدت الدورة الرابعة لمؤتمر التعاون العربي الصيني في مجال الطاقة في الرياض السعودية. شارك في المؤتمر المسؤولون الحكوميون من

الصين و22 دولة عربية وممثلو هيئات الطاقة الدولية والإقليمية وشركات الطاقة الصينية والعربية، حيث أجرى الجانبان المناقشات المعمقة حول اتجاه التنمية وآفاق التعاون في مجالات الكهرباء والطاقة النووية والطاقة المتجددة والبترول والغاز الطبيعي.

عام 2015

في يوم 28 إبريل، عقدت الدورة الأولى لمنتدى المرأة الصينية العربية في إطار منتدى التعاون الصيني العربي في أبو ظبي بالإمارات العربية المتحدة، برعاية سمو الشيخة فاطمة بنت مبارك رئيسة الاتحاد النسائي العام بالإمارات، تحت شعار "التقدم يدا بيد ودفع التنمية المشتركة"، بحضور حوالي 200 شخص، بمن فيهم ممثلات المنظمات النسائية وسيدات الأعمال والحرفيات والناشطات الاجتماعيات من الصين والدول العربية، وممثلو المنظمات الدولية والإقليمية المعنية بالملفات النسائية. وناقش الجانبان الصيني والعربي على نحو معمق حول "النساء الصينيات والعربيات والتنمية المستدامة" و"الفرص والتحديات أمام القيادة النسائية" و"الإجراءات والتدابير لدعم سيدات ورائدات الأعمال" و"تجربة المرأة في المؤسسات" وغيرها من المواضيع.

في يوم 29 إبريل، عقدت الدورة الأولى لاجتماع الخبراء الصينيين والعرب في مجال المكتبات والمعلومات في إطار منتدى التعاون الصيني العربي في مقر جامعة الدول العربية بالقاهرة، تحت شعار "بناء المجتمع المعلوماتي في الصين والدول العربية"، بمشاركة أكثر من 40 شخصا، بمن فيهم مدراء المكتبة الصينية الوطنية ومكتبة العاصمة الصينية وغيرهما من المكتبات الصينية والمكتبات الوطنية العربية والخبراء والأكاديميون. وقامت مكتبة جامعة الدول العربية والمكتبات الوطنية للأردن والبحرين ومصر بإهداء المكتبة الصينية الوطنية أكثر من 5000 كتاب عربي حول التاريخ والثقافة للدول العربية، ووقعت الأمانة العامة لجامعة الدول العربية مع المكتبة الصينية الوطنية على مذكرة تفاهم بشأن التبادل الفني وبناء قاعدة البيانات وما إلى ذلك.

في يوم 26 مايو، عقدت الدورة السادسة لمؤتمر رجال الأعمال والدورة الرابعة لندوة الاستثمارات لمنتدى التعاون الصيني العربي في العاصمة اللبنانية بيروت، بمشاركة

أكثر من 500 رجل الأعمال من الصين و15 دولة عربية. وناقش الجانبان بعمق عن سبل دفع التعاون الاقتصادي والتجاري بين الصين والدول العربية وبناء "الحزام والطريق" وغيرها من المواضيع.

في يوم 1 يونيو، التقى مستشار الدولة يانغ جيتشي بالأمين العام لجامعة الدول العربية نبيل العربي في مقر الجامعة في القاهرة. وقال يانغ جيتشي إن الرئيس الصيني شي جينبينغ طرح التعاون الصيني العربي في بناء "الحزام والطريق" في عام 2014، مما حدد اتجاها واضحا لتطوير العلاقات الصينية العربية ومنتدى التعاون العربي الصيني. بفضل الجهود المشتركة من الجانبين، حقق التعاون الصيني العربي في بناء "الحزام والطريق" الكثير من الإنجازات. في المرحلة القادمة، يجب على الجانبين الاعتماد على الصداقة التقليدية القائمة بينهما، وتكثيف التبادلات رفيعة المستوى وتعزيز الثقة السياسية، ويجب رفع مستوى التعاون العملي وتحقيق التعاون والكسب المشترك، والعمل على بناء المجتمع الصيني العربي للمصلحة المشتركة، وإن الصين تدعم الدول العربية في استكشاف طرق التنمية التي تتناسب مع ظروفها الوطنية، وتدعو إلى حل القضايا الساخنة في المنطقة بالحوار والتشاور السياسي، وحل الخلافات والمنازعات عن طريق الحوار السياسي الشامل والسلمي. من جانبه، قال نبيل العربي إن الصين تقف دائما إلى جانب العدالة وتتفهم وتدعم القضايا العادلة للدول العربية، وتدعم حقوق الدول النامية، وهي صديق حميم يمكن الاعتماد عليها للدول النامية. وإن الجانب العربي مستعد للتعاون مع الصين على نحو شامل في بناء "الحزام والطريق"، وتعميق بناء منتدى التعاون الصيني العربي، وتعزيز التواصل والاستفادة المتبادلة بين الصين والدول العربية وتعزيز التنسيق في الشؤون الدولية والإقليمية والحفاظ على السلام والاستقرار في العالم.

في يوم 9 يونيو أقام الجانبان الدورة الأولى للحوار السياسي الاستراتيجي رفيع المستوى، حيث تبادلا وجهات النظر حول القضايا الدولية والإقليمية ذات الاهتمام المشترك بصورة معمقة.

في يوم 10 يونيو، عقدت الدورة الثانية عشرة لاجتماع كبار المسؤولين لمنتدى التعاون الصيني العربي في مقر الجامعة العربية بالقاهرة، بالرئاسة المشتركة من الأمين العام للجانب الصيني لمنتدى التعاون الصيني العربي مدير عام إدارة غربي آسيا وشمالي إفريقيا بوزارة الخارجية الصينية دنغ لي ومساعد وزير الخارجية المصري للشؤون

الآسيوية ياسر مراد، حضر الأمين العام نبيل العربي الجلسة الافتتاحية وألقى كلمة فيها، وشارك في الاجتماع السفير سون آيقوه السفير الصينى لدى القاهرة والمندوب الصيني الدائم لدى الجامعة العربية والأمين العام المساعد للجامعة العربية جواد فاضل ورئيس السلك الدبلوماسي العرب لدى الصين السفير العماني عبدالله السعدي وأكثر من 80 مسؤولا من وزارات الخارجية والتجارة والثقافة الصينية ووزارات الخارجية لـ21 دولة عربية والمسؤولون المعنيون بالعلاقات الصينية العربية وشؤون منتدى التعاون الصينى العربي في الأمانة العامة للجامعة العربية. وقام الاجتماع بتلخيص نتائج الدورة الأولي للحوار السياسي الاستراتيجي رفيع المستوى وتقييم مدى التنفيذ للبرنامج التنفيذي للمنتدى بين عامي 2014 - 2016 وترتيب خطة العمل في المرحلة المقبلة. وركز الاجتماع على التعاون الصينى العربي في بناء "الحزام والطريق" وتعزيز التعاون في مجال القدرة الإنتاجية والمواضيع الأخرى، وتبادل وجهات النظر حول الأعمال التحضيرية للدورة السابعة للاجتماع الوزاري للمنتدى المزمع عقدها في دولة قطر عام 2016. واعتمد الاجتماع "الوثيقة الختامية".

في يوم 9 سبتمبر، افتتحت الدورة الثالثة لملتقى التعاون الصيني العربي في مجال الإذاعة والتلفزيون في مدينة ينتشوان بمنطقة نينغشيا، الصين، وشارك فيه الممثلون من الصين و14 دولة عربية واتحاد إذاعات الدول العربية. ووقعت الهيئة الوطنية الصينية العامة للإذاعة والتلفزيون والإعلام والنشر وإذاعة الصين الدولية ومحطات التلفزيون الصينية المحلية مع عدد من الدول العربية اتفاقيات التعاون بشأن التفويض والبث للبرامج التلفزيونية.

بين يومي 10 و11 سبتمبر، عقدت الدورة الأولي لمؤتمر التعاون الصيني العربي لنقل التكنولوجيا والابداع في إطار منتدى التعاون الصيني العربي في ينتشوان بمنطقة نينغشيا، الصين. وحضر المؤتمر حوالي 500 شخص، من بينهم المسؤولون من الجهات المعنية بالعلوم والتكنولوجيا ومناطق التنمية والمؤسسات البحثية والشركات الصينية والعربية والخبراء والأكاديميون. خلال المؤتمر، رُفع ستار المركز الصيني العربي لنقل التكنولوجيا بشكل رسمي، وتم التوقيع على الاتفاقيات الإطارية مع الأكاديمية العربية للعلوم والتكنولوجيا والنقل البحري ومدينة الملك عبدالعزيز للعلوم والتقنية السعودية وغرفة التجارة الأردنية والمركز الدولي بمسقط وأكاديمية العلوم الزراعية بالإمارات

بشأن إنشاء 5 مراكز ثنائية لنقل التكنولوجيا. وتوصل الجانبان الصيني والعربي إلى 37 اتفاقية أو توافق التعاون.

في يوم 11 سبتمبر، عقدت الدورة الأولى لمنتدى التعاون الصيني العربي في مجال الصحة في ينتشوان بمنطقة نينغشيا، الصين، تحت شعار "تعزيز التعاون في تقنيات الطب والأدوية، ودفع قضية الصحة إلى الأمام"، وحضر المنتدى حوالي 400 شخص من الأجهزة المعنية للصين و16 دولة عربية وجامعة الدول العربية. وأصدر المنتدى "إعلان ينتشوان"، وطرح 6 تصورات بشأن تعميق التعاون الصيني العربي في مجال الصحة.

بين يومي 10 و11 نوفمبر، عقدت الدورة السادسة لندوة العلاقات الصينية العربية والحوار بين الحضارتين الصينية والعربية في عاصمة قطر الدوحة، بحضور حوالي 70 شخصا من وزارتي الخارجية والثقافة الصينية وتلفزيون الصين المركزي والمراكز البحثية المعروفة والجامعات الصينية و16 دولة عربية وجامعة الدول العربية. وناقش الجانبان الصيني والعربي بشكل معمق حول "الأساس والتحديات المحتملة للتعاون والحوار في السنوات العشر المقبلة" و"الأهداف والآليات الجديدة للتعاون في مجالي الثقافة والشباب على طول طريق الحرير الحديث" و"التواصل الشعبي والدبلوماسية العامة". كما تبنت الندوة "التقرير الختامي".

عام 2016

في يوم 21 يناير، التقى الرئيس الصيني شي جينبينغ بأمين عام جامعة الدول العربية نبيل العربي بالقاهرة في مصر. أشار شي جينبينغ إلى أن عام 2016 يصادف الذكرى الـ60 لتأسيس العلاقات الدبلوماسية بين الصين والدول العربية. على مدى 60 عاما الماضية، حققت العلاقات الصينية العربية تطورا كبيرا، وحقق التعاون الودي في مختلف المجالات إنجازات مثمرة. إن الجامعة العربية منظمة إقليمية مهمة، وبذلت جهودا دؤوبة في تحقيق الاستقلال والتضامن والتقوية الذاتية للأمة العربية، ولعبت دورا فريدا في القضايا الإقليمية والدولية. ويأمل الجانب الصيني في تعزيز علاقات الصداقة مع الجامعة العربية، كما يأمل منها مواصلة دورها الرائد في تعزيز الصداقة الصينية العربية. ظلت الأستان الصينية والعربية تتبادلان الفهم والدعم في مسيرة التحرر الوطني والتنمية الوطنية. وتدعم الصين دائما القضايا العادلة للدول العربية، وتدعم الدول العربية في التضامن والتقوية الذاتية وحل القضايا الإقليمية بإرادتها المستقلة. ويجب على الجانبين تناقل الصداقة التقليدية الصينية العربية، وتعزيز الثقة السياسية المتبادلة، وتكثيف التنسيق والتعاون في القضايا الدولية والإقليمية الهامة. ويجب التعاون في بناء "الحزام والطريق" وبناء علاقات الصداقة والتعاون القائمة على المنفعة المتبادلة والكسب المشترك. ويجب الاعتماد على منتدى التعاون الصيني العربي لتعميق التعاون بين الجانبين في مختلف المجالات والارتقاء بالتعاون الصيني العربي إلى مستوى جديد.

من جانبه، أعرب نبيل العربي عن ترحيبه بزيارة الرئيس شي جينبينغ لمقر الجامعة العربية. وقال إن الصين تقف دائما مع الدول النامية وتدعمها، إن جميع الدول العربية يشكر الصين على دعمها للقضايا العربية، وخاصة القضية الفلسطينية، وتولي اهتماما بالغا وتقدر وثيقة السياسة الصينية تجاه الدول العربية التي أصدرتها الصين بمناسبة

الذكرى الـ60 لانطلاق العلاقات الدبلوماسية بين الصين والدول العربية، مستعدة للتعاون الوثيق مع الصين في مجالات السياسة والاقتصاد وغيرهما من المجالات وقضايا محل الاهتمام المشترك، وحسن توظيف دور منتدى التعاون الصيني العربي وتعزيز المصالح المشتركة للجانبين.

في يوم 21 يناير، زار الرئيس الصيني شي جينبينغ مقر جامعة الدول العربية وألقى كلمة مهمة بعنوان "التشارك في خلق مستقبل أفضل للعلاقات الصينية العربية". أشار شي جينبينغ إلى أن المفتاح لتسوية الخلافات يكمن في تعزيز الحوار. والمفتاح لفك المعضلة يكمن في تسريع عجلة التنمية. ومفتاح اختيار الطرق يكمن في تطابق هذه الطرق مع الخصوصيات الوطنية. وإن الشعب هو مَن يقرر الطريق التنموي لدولته، وفقا لتاريخ الدولة والتقاليد الثقافية ومستوى التنمية الاقتصادية والاجتماعية. فيما يتعلق بالقضية الفلسطينية، إن الحفاظ على الحقوق والمصالح المشروعة للشعب الفلسطيني مسؤولية مشتركة على عاتق المجتمع الدولي ككل. لا يجوز تهميش القضية الفلسطينية ناهيك عن وضعها في الزاوية المنسية. فإن القضية الفلسطينية قضية جذرية للسلام في الشرق الأوسط. قد حقق التعاون الصيني العربي في بناء "الحزام والطريق" وتشكيل معادلة التعاون "1+2+3"، المتمثلة في اتخاذ مجال الطاقة كالمحور الرئيسي ومجالي البنية التحتية وتسهيل التجارة والاستثمارات كجناحين و3 مجالات ذات تكنولوجيا متقدمة تشمل الطاقة النووية والفضاء والأقمار الاصطناعية والطاقة الجديدة كنقاط اختراق، حققت حصادا مبكرا، ويجب علينا حسن استغلال السنوات الخمس المقبلة المفصلية للتعاون في بناء "الحزام والطريق". يجب على الصين والدول العربية تضافر الجهود يدا بيد وكتفا بكتف في سبيل تعزيز الصداقة والتعاون بينهما، وقضية السلام والتنمية السامية للبشرية جمعاء!

في يوم 27 مارس، زارت نائبة رئيس مجلس الدولة الصيني ليو ياندونغ مقر جامعة الدول العربية واجتمعت مع الأمين العام نبيل العربي. وقالت إن الرئيس شي جينبينغ قام بزيارة تاريخية إلى جامعة الدول العربية في يناير عام 2016، مما وضع تخطيطا جديدا للتعاون الصيني العربي في الوقت الحاضر والمستقبل وضخ فيه حيوية جديدة. وجئت إلى الجامعة العربية لحسن تنفيذ النتائج المهمة لزيارة الرئيس شي جينبينغ إلى مقر الجامعة. وتحرص الصين على إطلاق حملة كبيرة مع الجانب العربي في مجال الابتكار، بما يثري

مقومات علاقات التعاون الاستراتيجي بين الجانبين. من جانبه، قال نبيل العربي إن الرئيس شي جينبينغ زار مقر الجامعة في يناير عام 2016 وألقى فيه كلمة مهمة، الأمر الذي يجسد اهتمام القيادة الصينية البالغ بتطوير العلاقات الصينية العربية، ولقى إقبالا كبيرا من شعوب الدول العربية. وتولي الجامعة العربية اهتماما بالغا للصين، وتتطلع إلى تعزيز التواصل والتعاون معها في مجالات العلوم والتكنولوجيا والتربية والتعليم والثقافة وغيرها من المجالات، ومواصلة الجهود لتطوير منتدى التعاون الصيني العربي.

في يوم 11 مايو، عقدت الدورة الثالثة عشرة لاجتماع كبار المسؤولين والدورة الثانية للحوار السياسي الاستراتيجي على مستوى كبار المسؤولين في عاصمة قطر الدوحة، حيث راجع الجانبان جدول الأعمال والوثائق الختامية للاجتماع الوزاري السابع لمنتدى التعاون الصيني العربي.

في يوم 11 مايو، التقى وزير الخارجية الصيني بالأمين العام لجامعة الدول العربية نبيل العربي قبل الاجتماع الوزاري السابع لمنتدى التعاون الصيني العربي. وقال إن الرئيس شي جينبينغ زار مقر الجامعة في مطلع عام 2016 وطرح التعاون الصيني العربي في بناء "الحزام والطريق". سيجري الاجتماع المرتقب مناقشات معمقة حول كيفية تنفيذ ما طرحه الرئيس شي جينبينغ من التدابير السياسية المهمة بشأن التعاون مع الدول العربية. وتحرص الصين على أن تصبح شريك التعاون الأكثر موثوقية ومثالية للدول العربية في عملية التصنيع، ومساعدة الدول العربية في رفع قدرتها على التنمية الذاتية من خلال التعاون في مجال البنية التحتية والقوة الإنتاجية وعن طريق التعاون في بناء "الحزام والطريق"، بما يفتح مجالا جديدا للعلاقات الصينية العربية. من جانبه، قال نبيل العربي إن زيارة الرئيس شي جينبينغ للجامعة تكتسب أهمية تاريخية وتعكس عمق العلاقات الصينية العربية. يعد منتدى التعاون الصيني العربي أكثر منتدى نجاحا أنشأته الدول العربية مع الدول الأخرى، ويولي الجانب العربي أهمية كبيرة لبناء المنتدى، ويرغب في التعاون بشكل وثيق مع الصين لإنجاح هذه الدورة من الاجتماع الوزاري. ويأمل جميع الدول العربية في تقاسم خبرات الصين في التنمية ومواصلة تعزيز التعاون متبادل المنفعة مع الصين، وخاصة تعزيز التعاون في بناء "الحزام والطريق".

في يوم 12 مايو، عقد الاجتماع الوزاري السابع لمنتدى التعاون الصيني العربي في عاصمة قطر الدوحة، وحضر الجلسة الافتتاحية وزير الخارجية الصيني وانغ يي ووزير

الخارجية القطري الشيخ محمد بن عبد الرحمن والأمين العام لجامعة الدول العربية نبيل العربي. وأرسل الرئيس شي جينبينغ وأمير قطر الشيخ تميم بن حمد آل ثاني رسائل التهنئة إلى الاجتماع، تعبيرا عن التهاني الحارة بانعقاد الاجتماع. وقرأ وانغ يي في البداية رسالة التهنئة من الرئيس شي جينبينغ. قال شي جينبينغ في رسالته إنه في عام 2014، طرحت مبادرة التعاون الصيني العربي في بناء "الحزام والطريق" في الاجتماع الوزاري السادس لمنتدى التعاون الصيني العربي، التي حظيت بالتجاوب الإيجابي من الدول العربية، وفي يناير عام 2016، زرت مقر جامعة الدول العربية، حيث شعرت بشكل عميق بحماسة الجانب العربي للمشاركة في بناء "الحزام والطريق". ستناقش هذه الدورة من الاجتماع الوزاري بشكل معمق موضوعا مهما وهو بناء "الحزام والطريق" وتعميق التعاون الاستراتيجي الصيني العربي، وستخطط بشكل شامل مجالات التعاون ومشاريع التعاون ذات الأولوية للتعاون الجماعي الصيني العربي في العامين المقبلين، الأمر الذي يكتسب أهمية كبيرة في تعزيز التعاون متبادل المنفعة وتعميق التواصل الشعبي بين الجانبين، وتعزيز البناء المؤسسي لمنتدى التعاون الصيني العربي. وأكد الرئيس شي جينبينغ على استعداد الجانب الصيني للتعاون مع الدول العربية، وفقا لمبدأ "التشاور والتعاون والمنفعة للجميع"، لدفع عملية بناء "الحزام والطريق" بخطوات متزنة، بما يخلق مستقبلا أكثر إشراقا لعلاقات التعاون الاستراتيجي الصيني العربي.

قال وانغ يي إنه خلال السنتين الماضيتين، وبفضل الجهود المشتركة من الجانبين، حقق منتدى التعاون الصيني العربي إنجازات مثمرة، مما يظهر الإمكانيات الكامنة الهائلة للتعاون الجماعي الصيني العربي. قبل فترة، زار الرئيس شي جينبينغ مقر جامعة الدول العربية وألقى فيه كلمة مهمة، وطرح التعاون الصيني العربي في بناء "الحزام والطريق"، والتعاون في تنفيذ الحملات الأربع المشتركة المتمثلة في تعزيز الاستقرار والتعاون في مجال الابتكار والتعاون في مجال القوة الإنتاجية وتعزيز الصداقة، الأمر الذي كتب آية جديدة للعلاقات الصينية العربية. إن التعاون الصيني العربي في بناء "الحزام والطريق" يجب أن يجمع بين زخم انفتاح الصين نحو الجهة الغربية وزخم توجه الدول العربية نحو الشرق، ويوظف مزايا التكامل في مجالي الصناعة والموارد، ويتمسك بعملية التصنيع والحوار بين الحضارات كنقطتين مهمتين، بما يسجل فصلا جديدا للصداقة التقليدية الصينية العربية. إن تأسيس منتدى التعاون الصيني العربي الخيار الاستراتيجي الذي

اتخذناه لتحقيق التنمية طويلة الأمد للعلاقات الصينية العربية، وسيأتي التعاون في بناء "الحزام والطريق" بفرص استراتيجية جديدة لبناء المنتدى. لذلك، علينا التركيز على التعاون العملي واتخاذ الإجراءات المفيدة للشعوب واستكمال آليات المنتدى.

من جانبه، قرأ الشيخ محمد بن عبد الرحمن رسالة التهنئة من أمير قطر الشيخ تميم بن حمد آل ثاني، وقال إنه بعد سنوات من التطور، قد أصبح المنتدى منصة مهمة لتعميق التعاون وحل الاختلافات بين الصين والدول العربية، ويتبادل الجانبان الدعم للحفاظ على السيادة وسلامة الأراضي ودفع التنمية. ويقدر الجانب العربي عاليا دور الصين الإيجابي والبناء في القضايا الإقليمية. تعد الصين والدول العربية شريك التعاون الأساسي في بناء "الحزام والطريق"، ويحرص الجانب العربي على تعزيز التعاون مع الصين ودفع علاقات التعاون الاستراتيجي العربي الصيني إلى الأمام.

من جانبه، قال الأمين العام نبيل العربي إن منتدى التعاون العربي الصيني قد أصبح نموذجا يحتذى به للتعاون بين دول الجنوب. ويمتلك كلا الجانبين النية الصادقة والثقة بالتعاون بينهما، ويجب على الجانبين حسن توظيف المزايا النسبية وزيادة تعميق التعاون الاستراتيجي العربي الصيني.

شارك في الاجتماع وزراء الخارجية أو ممثلوهم من الصين و20 دولة عربية. واستعرض الاجتماع كافة الفعاليات المقامة في إطار المنتدى ونتائجها الإيجابية منذ الاجتماع الوزاري السادس، وتبنى "إعلان الدوحة للاجتماع الوزاري السابع لمنتدى التعاون الصيني العربي" و"البرنامج التنفيذي لمنتدى التعاون الصيني العربي بين عامي 2016 و2018". كما اتفق الجانبان الصيني والعربي على عقد "الدورة الأولى لمنتدى التعاون الصيني العربي لنظام بيدو" في إطار منتدى التعاون الصيني العربي، وتسريع وتيرة المفاوضات بشأن منطقة التجارة الحرة بين الصين ومجلس التعاون الخليجي.

بين يومي 3 و7 أغسطس، عقدت الدورة الثالثة لمهرجان الفنون الصينية في مدينة صفاقس بتونس. وحضر حفل الافتتاح مسؤولون من وزارة الخارجية الصينية ووزارة الثقافة الصينية ووزارة الثقافة التونسية وألقوا كلمات فيه. كما شارك فيه حوالي 500 شخص من مختلف الأوساط من الصين وتونس.

بين يومي 25 و26 أكتوبر، عقدت الدورة الخامسة من مؤتمر التعاون الصيني العربي في مجال الطاقة في بكين، الصين، تحت شعار "الطاقة: حجر الأساس للتعاون

الصيني العربي". وحضر المؤتمر أكثر من 250 شخصا من المسؤولين الحكوميين من الصين و21 دولة عربية، بالإضافة إلى الممثلين عن المنظمات الدولية والإقليمية للطاقة والشركات من الجانبين. وناقش الجانبان بشكل معمق حول "كيفية بناء طريق الحرير للطاقة وتعزيز التعاون الصيني العربي في مجال الطاقة" و"ابتكار واستكمال البيئة المالية وتعزيز التكامل العميق بين الصين والدول العربية في مجالي الطاقة والمالية"، وتم تبني "البيان الختامي المشترك" للمؤتمر.

عام 2017

بين يومي 22 و23 مايو، عقدت الدورة الرابعة عشرة لاجتماع كبار المسؤولين لمنتدى التعاون الصيني العربي في بكين الصينية. وحضر نائب وزير الخارجية الصيني تشانغ مينغ الجلسة الافتتاحية وألقى فيها كلمة. كان الاجتماع برئاسة الأمين العام للجانب الصيني لمنتدى التعاون الصيني العربي مدير عام إدارة غربي آسيا وشمالي إفريقيا بوزارة الخارجية الصينية دنغ لي، ورئيس الجانب العربي سفير الجزائر لدى مصر ومندوبها الدائم لدى جامعة الدول العربية محمد نذير العرباوي، كما شارك فيه كبار المسؤولين من 21 الدول العربية وممثلو الجهات الصينية والأمانة العامة لجامعة الدول العربية. قام الاجتماع باستعراض وتلخيص تقدم كافة الأعمال في إطار المنتدى منذ الدورة السابعة للاجتماع الوزاري، وتقييم مدى التنفيذ لـ"البرنامج التنفيذي للمنتدى بين عامي 2016 و2018"، كما تم تبادل الآراء حول الأعمال التحضيرية للاجتماع الوزاري الثامن للمنتدى، ومراجعة وتبني الوثائق الختامية. وقبل الاجتماع، عقد الجانبان الدورة الثالثة للحوار السياسي الاستراتيجي على مستوى كبار المسؤولين.

في يوم 24 مايو، عقدت الدورة الأولى لمنتدى التعاون الصيني العربي في مجال الملاحة بالأقمار الاصطناعية (بيدو) في إطار منتدى التعاون الصيني العربي في مدينة شانغهاي الصينية. وشارك فيه أكثر من 200 شخص، بمن فيهم ممثلو وزارات الخارجية والتجارة والصناعة والمعلومات الصينية وأكثر من 80 ممثلا من 21 دولة عربية ومنظمة دولية. وناقش الجانبان بشكل معمق حول أداء نظام بيدو، ومركز بيدو/GNSS، وتكنولوجيا التطبيق، وحلول التطبيقات، والتدريبات، وتم توقيع "بيان الدورة الأولى لمنتدى التعاون الصيني العربي في مجال الملاحة بالأقمار الاصطناعية (بيدو)".

في يوم 24 مايو، عقدت الدورة الثانية لاجتماع الخبراء الصينيين والعرب في مجال

المكتبات والمعلومات في بكين الصينية، تحت شعار "التفاهم والتعاون والمشاركة لموارد المكتبات الصينية والعربية"، وشارك فيها المسؤولون من وزارة الثقافة الصينية والمكتبة الوطنية الصينية والأمانة العامة لجامعة الدول العربية، بالإضافة إلى أكثر من عشرة مدراء المكتبات من الدول العربية. وناقش الجانبان سبل الروابط بين المكتبات وتكنولوجيا المعلومات وغيره من المواضيع بشكل معمق.

بين يومي 15 و16 أغسطس، عقدت الدورة السابعة لندوة العلاقات الصينية العربية والحوار بين الحضارتين الصينية والعربية واجتماع المائدة المستديرة لنزع التطرف في مدينة تشنغدو بمقاطعة سيتشوان، الصين. وشارك فيها أكثر من 70 شخصا، بمن فيهم المسؤولون والخبراء ورجال الدين من الصين و16 الدول العربية والأمانة العامة لجامعة الدول العربية. وناقش الجانبان بشكل معمق حول "الحوار بين الحضارات في ظل التعاون الصيني العربي في بناء الحزام والطريق" و "إدارة أعمال مكافحة التطرف والتعاون الصيني العربي في مكافحة التطرف"، كما تبادلا الآراء حول تعميق الحوار بين الحضارات، والتعاون في بناء "الحزام والطريق"، والالتزام بقيم الوسطية والاعتدال، والتعاون في نزع التطرف. وتبنى الاجتماع "التقرير الختامي".

بين يومي 6 و7 سبتمبر، عقدت الدورة الثانية لمؤتمر التعاون الصيني العربي لنقل التكنولوجيا والإبداع في مدينة ينتشوان بمنطقة نينغشيا، الصين. وحضر المؤتمر المسؤولون المعنيون من الصين ومصر والسودان وغيرها من الدول. وعقدت على هامش المؤتمر سلسلة من الجلسات الفنية لمناقشة نقل التكنولوجيا، وأقيمت المعارض للمعدات التكنولوجية الحديثة. وشارك في المؤتمر أكثر من 1000 شخص، بمن فيهم المسؤولين في أجهزة العلوم والتكنولوجيا والخبراء والأكاديميون ورجال الأعمال. وأطلق المؤتمر رسميا منصة المعلومات الشاملة لنقل التكنولوجيا بين الصين والدول العربية، وتم توقيع 19 مشروع تعاون في مجال العلوم التكنولوجيا على هامش المؤتمر.

من يوم 6 إلى 9 سبتمبر، عقدت الدورة السابعة لاجتماع رجال الأعمال لمنتدى التعاون الصيني العربي والندوة الخامسة للاستثمار في مدينة ينتشوان بمنطقة نينغشيا الصينية. وشارك فيها أكثر من 100 شخص، بمن فيهم الممثلون الحكوميون ورجال الأعمال من الصين والدول العربية. وأصدر الاجتماع "إعلان ينتشوان"، ووقعت 17 هيئة 12 اتفاقية ومذكرة تفاهم و4 مشاريع التعاون بين الشركات.

في يوم 19 سبتمبر، عقدت الدورة الثانية لمنتدى المرأة الصينية العربية في بكين الصينية، وشارك فيها 150 شخصا، بمن فيهم المسؤولين من الأجهزة والمنظمات النسائية الصينية العربية، والمسؤولة عن الشؤون النسائية لجامعة الدول العربية، والممثلات عن الأوساط الأكاديمية والشركات، والممثلون من السفارات العربية وبعثة الجامعة العربية لدى الصين. وناقش الجانبان بشكل معمق حول "تمكين المرأة والدعم السياسي" و"مساهمة المرأة في بناء الحزام والطريق" و"المرأة وتناقل الثقافة" وغيرها من المواضيع.

بين يومي 6 و7 نوفمبر، عقدت الدورة الخامسة من مؤتمر الصداقة الصينية العربية في بكين الصينية، تحت شعار "مساهمة التعاون الشعبي في تعزيز التعاون الصيني العربي في بناء الحزام الطريق"، بحضور أكثر من 150 شخصا، بمن فيهم وفود من جمعية الصداقة الصينية العربية، ورابطة جمعيات الصداقة العربية الصينية، والأمانة العامة لجامعة الدول العربية، والمنظمات الصديقة للصين من 12 دولة عربية، والممثلون للشركات ووسائل الإعلام. وتبنى المؤتمر "إعلان الدورة الخامسة لمؤتمر الصداقة الصينية العربية".

عام 2018

يوم 23 إبريل، عقدت الدورة الأولى للمنتدى الصيني العربي للإصلاح والتنمية في إطار منتدى التعاون الصيني العربي في بكين، الصين، تحت شعار "تعزيز تبادل الخبرات بشأن الحكم والإدارة، ودفع المواءمة بين الاستراتيجيات التنموية الصينية العربية، وشارك في المنتدى أكثر من 50 شخصا، بمن فيهم المسؤولون الحكوميون والخبراء والأكاديميون من الصين وأكثر من 10 دول عربية. وناقش الجانبان بشكل معمق حول "تبادل الخبرات بشأن الحكم والإدارة" و"تحقيق الازدهار والتنمية المشتركة" و"الأفكار الصينية واستكشاف طرق التنمية العربية" و"تعزيز التعاون الصيني العربي في بناء الحزام والطريق في ظل معادلة الانفتاح الجديدة".

في يوم 8 مايو، أجرى مساعد وزير الخارجية الصيني تشن شياودونغ المحادثات مع الأمين العام المساعد لجامعة الدول العربية خالد الهباس الزائر في الصين. وتبادل الجانبان الآراء حول الأعمال التحضيرية للدورة الثامنة للاجتماع الوزاري لمنتدى التعاون الصيني العربي.

في يوم 9 يوليو، حضر الأمين العام لجامعة الدولة العربية أحمد أبو الغيط الاجتماع الوزاري الثامن لمنتدى التعاون الصيني العربي في الصين وقام بزيارة إلى الصين، حيث التقى مع نائب الرئيس الصيني وانغ تشيشان. وقال وانغ تشيشان إن الأمتين الصينية والعربية قدمتا مساهمات كبيرة في الحضارة البشرية، وستظل الصين الطاقة الإيجابية الداعية إلى السلام والتنمية في العالم، لما لديها من مسيرة التنمية والجينات التاريخية والثقافية. ويتعامل الجانبان الصيني والعربي مع بعضهما البعض بالمساواة سياسيا والاستفادة المتبادلة اقتصاديا والشمول والاحتضان ثقافيا. وتدعم الصين بثبات الدول العربية لاستكشاف طرق التنمية التي تتناسب مع ظروفها الوطنية، وتحقيق السلام

والاستقرار والتنمية والرخاء للمنطقة. وألقى الرئيس شي جينبينغ كلمتين مهمتين أمام العالم العربي في عامي 2014 و2016، مما حدد الاتجاه للعلاقات الصينية العربية. وترحب الصين بمشاركة الدول العربية النشطة في بناء "الحزام والطريق"، وتأمل من الجامعة العربية لعب دور أكبر في تعزيز التعاون الصيني العربي. من جانبه، قال أحمد أبو الغيط إن الصداقة العربية الصينية تضرب بجذورها إلى أعماق التاريخ، وتهتم الدول العربية اهتماما بالغا بطريق التنمية للصين، وتعجب بإنجازاتها التاريخية، مستعدة للمشاركة بشكل نشط في بناء "الحزام والطريق"، وتعميق التعاون العملي مع الصين في كافة المجالات. كما يشكر الجانب العربي على دعم الصين الثابت لقضايا الدول العربية والبلدان النامية.

في يوم 9 يوليو، أجرى مستشار الدولة وزير الخارجية الصيني وانغ يي المحادثات مع الأمين العام للجامعة العربية أحمد أبو الغيط. وقال وانغ يي إنه يجب على الصين والدول العربية تعزيز التضامن والتعاون في ظل الأوضاع الدولية المتغيرة والمضطربة. وتعمل الصين على بناء معادلة جديدة للانفتاح شامل الأبعاد على مستوى أعلى ونطاق أوسع، ويعد تعزيز التعاون مع الدول المطلة على طول "الحزام والطريق" زخما عاما، بينما تسارع الدول العربية استراتيجيتها للـ"التوجه شرقا"، فيجب على الجانبين تسريع وتيرة المواءمة الاستراتيجية، وتعزيز التعاون والشراكة المستقرة وطويلة الأمد من خلال التعاون في بناء "الحزام والطريق". وأثق بأن الجهود المشتركة للجانبين ستساهم في إنجاح الدورة الثامنة للاجتماع الوزاري لمنتدى التعاون الصيني العربي المرتقبة، ودفع التعاون الجماعي الصيني العربي إلى مستوى جديد. من جانبه، قال أحمد أبو الغيط إن الجانب العربي يقدر عاليا مبادرة "الحزام والطريق" العظيمة المطروحة من قبل الرئيس شي جينبينغ، ويتطلع إلى تعزيز التعاون مع الجانب الصيني في بناء "الحزام والطريق". ولعب منتدى التعاون الصيني العربي دورا مهما في دفع التعاون العربي الصيني في كافة المجالات لتحقيق تقدم سريع. وستعمل الجامعة العربية مع الصين سويا على إنجاح الدورة الثامنة للاجتماع الوزاري المرتقبة، وجعلها حدثا كبيرا آخر في مسيرة العلاقات العربية الصينية.

في يوم 9 يوليو، عقدت الدورة الخامسة عشرة لاجتماع كبار المسؤولين لمنتدى التعاون الصيني العربي في بكين، الصين. وحضر مساعد وزير الخارجية الصيني تشن شياودونغ الجلسة الافتتاحية وألقى فيها كلمة. وترأس الاجتماع الأمين العام للجانب الصيني

للمنتدى مدير عام إدارة غربي آسيا وشمالي إفريقيا دنغ لي ورئيس الجانب العربي المدير العام لشؤون جامعة الدول العربية بوزارة الخارجية السعودي، وحضر الاجتماع كبار المسؤولين من 21 دولة عربية والأمانة العامة لجامعة الدول العربية والسفراء العرب لدى الصين. وتبادل المجتمعون الآراء حول الأعمال التحضيرية للدورة الثامنة للاجتماع الوزاري لمنتدى التعاون الصيني العربي المرتقبة. وقبل الاجتماع، أجرى الجانبان الدورة الرابعة للحوار السياسي الاستراتيجي على مستوى كبار المسؤولين.

في يوم 10 يوليو، عقدت الدورة الثامنة للاجتماع الوزاري لمنتدى التعاون الصيني العربي في بكين، الصين، الصين، وحضر الرئيس الصيني شي جينبينغ الجلسة الافتتاحية وألقى فيها كلمة مهمة تحت عنوان "يدا بيد لدفع علاقات الشراكة الإستراتيجية الصينية العربية في العصر الجديد". وقال الرئيس شي جينبينغ إن الصداقة الصينية العربية تضرب بجذورها في أعماق التاريخ. قد أثبت التاريخ والممارسة أن الصين والدول العربية ظلت شركاء وإخوة طيبين ودائمين يتبادلون المنفعة ويتشاطرون السراء والضراء، مهما كانت التغيرات التي طرأت على الأوضاع الدولية، ومهما كانت العقبات التي تعترض الطريق، مؤكدا أن مبادرة الصين بشأن التعاون في بناء "الحزام والطريق" حظيت بدعم واسع ومشاركة فعالة من العالم العربي والمجتمع الدولي. وتحرص الصين على تعزيز المواءمة مع الجانب العربي استراتيجيا وعمليا، ودفع بناء "الحزام والطريق"، بما يصون السلام والاستقرار في الشرق الأوسط ويدافع عن العدالة والإنصاف ويدفع التنمية المشتركة ويستفيد من بعضهما البعض كصديقين حميمين.

قال الرئيس شي جينبينغ إن التنمية المفتاح لحل كثير من مسائل الحوكمة في الشرق الأوسط، فيجب على كافة الأطراف التركيز الدائم بعلى التعاون وفعل أكثر ما يخدم ويكبر الكسب المشترك، والاستفادة من تكامل المزايا ومشاركة الازدهار. ويدعو كافة الأطراف إلى الالتزام بالتوافقات الدولية ومعالجة القضية الفلسطينية بشكل عادل، مؤكدا على دعم الصين لدفع مفاوضات السلام الفلسطينية الإسرائيلية للخروج من المأزق في أسرع وقت ممكن على أساس "حل الدولتين" و"مبادرة السلام العربية". وأكد الرئيس شي جينبينغ في ختام الكلمة أن منتدى التعاون الصيني العربي له آفاق واعدة في تعزيز الحوار وتدعيم التعاون الصيني العربي، ويجب مواكبة تطورات العلاقات الصينية العربية في العصر الجديد، وبذل جهود جديدة وتحقيق إنجازات جديدة، بما يحقق المزيد من

الأفكار المشتركة من خلال التواصل بين الجانبين.

حضر الجلسة الافتتاحية أمير الكويت الشيخ صباح الأحمد الجابر الصباح. وترأس الاجتماع مستشار الدولة وزير الخارجية الصيني وانغ يي ورئيس الجانب العربي وزير الخارجية السعودي عادل الجبير. وحضر الاجتماع الممثلون على المستوى الوزاري من الصين و21 دول عربية والأمين العام لجامعة الدول العربية أحمد أبو الغيط. وتبنى الاجتماع ثلاثة وثائق ختامية، وهي "إعلان بكين للدورة الثامنة للاجتماع الوزاري لمنتدى التعاون الصيني العربي" و"البرنامج التنفيذي لمنتدى التعاون الصيني العربي بين عامي 2018 و2020" و"الإعلان التنفيذي الصيني العربي الخاص ببناء الحزام والطريق". وأعرب الجانبان الصيني والعربي عن التقدير العالي لمبادرة "الحزام والطريق"، واتفقا على رفع العلاقات بينهما إلى "الشراكة الاستراتيجية القائمة على التعاون الشامل والتنمية المشتركة والمتجهة نحو مستقبل أفضل".

بين شهري يوليو وأكتوبر، عُقدت الدورة الرابعة من مهرجان الفنون العربية في إطار منتدى التعاون الصيني العربي في مدينة تشنغدو بمقاطعة سيتشوان، الصين، تحت شعار "الترابط عبر طريق الحرير والتواصل بين القلوب"، وفتح المهرجان مشهدا جديدا للتواصل الشعبي الصيني العربي في العصر الجديد من خلال المعارض والعروض الفنية والندوات والدورات الدراسية الفنية. في يوم 25 أكتوبر، أقيم الحفل الختامي للمهرجان، وبعث الرئيس الصيني شي جينبينغ رسالة التهنئة، حيث عبر عن تهانيه الحارة لنجاح المهرجان، قائلا إن الاستفادة المتبادلة بين الحضارتين الصينية والعربية ترجع إلى زمن بعيد، حيث تتألق الحضارتان الصينية والعربية في التاريخ. وأكد أن إقامة مهرجان الفنون العربية تعد خطوة مهمة لتعزيز التواصل الشعبي بين الجانبين الصيني العربي. وتحرص الصين على العمل سويا مع الجانب العربي على تعزيز التواصل بين الحضارتين والتعاون بين الشعبين، بما يرسي أساسا اجتماعيا وشعبيا لتطوير علاقات الشراكة الاستراتيجية القائمة على التعاون الشامل والتنمية المشتركة والمتجهة نحو مستقبل أفضل، ويقدم المساهمة في بناء مجتمع المستقبل المشترك للبشرية.

بين يومي 5 و8 نوفمبر، عقدت الدورة السادسة لمؤتمر التعاون الصيني العربي في مجال الطاقة بالقاهرة، تحت شعار "فرص الاستثمار في إطار الحزام والطريق"، وحضر المؤتمر أكثر من 500 شخص، بمن فيهم المسؤولون الحكوميون من الصين والدول

الأعضاء للجامعة العربية وممثلو المؤسسات الدولية والإقليمية في مجال الطاقة ورجال الأعمال من الجانبين. وناقش الجانبان بشكل معمق حول سبل دفع التعاون الصيني العربي في مجال الطاقة في إطار "الحزام والطريق"، وأعلن المؤتمر عن إقامة مركز التدريب الصيني العربي للطاقة النظيفة قريبا.

في يوم 8 نوفمبر، عقد الدورة الثانية لملتقى المدن الصينية العربية في مراكش بالمغرب، تحت شعار "بناء مجتمع الحزام والطريق: دور المدن الصينية والعربية"، وشارك فيه حوالي 250 شخصا من الحكومات الصينية والعربية وممثلو منظمات المدن العربية والهيئات الأهلية والأكاديمية، والحكومات المحلية والمؤسسات الخاصة. وناقش المشاركون بعمق كيفية تعزيز التعاون بين الصين والدول العربية في مجالات بناء المدن الذكية، وحماية التراث الثقافي، وتخطيط الإسكان والأراضي.

عام 2019

في يوم 16 يناير ، التقى الممثل الخاص للرئيس شي جينبينغ عضو المكتب السياسي مدير مكتب لجنة الشؤون الخارجية للجنة المركزية للحزب الشيوعي الصيني يانغ جيتشي بأمين عام جامعة الدول العربية أحمد أبو الغيط خلال زيارته لمصر.

في يوم 31 مارس، أرسل الرئيس الصيني شي جينبينغ رسالة التهنئة إلى الرئيس التونسي الباجي قائد السبسي، الرئيس الدورى لمجلس جامعة الدول العربية على مستوى القمة، تعبيرا عن التهنئة بانعقاد الدورة الـ30 للقمة العربية في تونس. وأشاد الرئيس شي جينبينغ في رسالته بجهود جامعة الدول العربية في تعزيز السلام والاستقرار والتنمية في الشرق الأوسط، ودعوتها إلى إيجاد الحلول السياسية للقضايا الساخنة وتحقيق التضامن والتقوية للعالم العربي. وأكد الرئيس شي جينبينغ أن الصداقة التقليدية بين الصين والدول العربية عميقة. خلال الاجتماع الوزاري الثامن لمنتدى التعاون الصيني العربي المنعقد في بكين في يوليو الماضي، اتفق الجانبان على إقامة علاقات الشراكة الاستراتيجية القائمة على التعاون الشامل والتنمية المشتركة والمتجهة نحو مستقبل أفضل، ما يعد منطلقا جديدا للتعاون الصيني العربي. إن الصين مستعدة للعمل مع الدول العربية على تعزيز الثقة الاستراتيجية المتبادلة والدفع بالتعاون العملي وتكثيف التواصل الشعبي، وتطبيق الإعلان التنفيذي الصيني العربي الخاص ببناء "الحزام والطريق"، بما يخلق مستقبلا أكثر إشراقا لعلاقات الشراكة الاستراتيجية الصينية العربية، ويقدم مساهمة في بناء مجتمع المستقبل المشترك للبشرية.

بين يومي 1 و2 إبريل، عُقدت الدورة الثانية لمنتدى التعاون العربي الصيني لنظام "بيدو" للملاحة بالأقمار الصناعية في تونس، تحت شعار "التعاون والتطبيقات والخدمات" بحضور أكثر من 300 شخص من الدوائر الحكومية للصين والدول العربية والمنظمات

الدولية والمؤسسات البحثية والشركات المعنية. ووقع الجانبان الصيني العربي على "البيان المشترك للدورة الثانية لمنتدى التعاون العربي الصيني لنظام بيدو"، وأصدر المنتدى الوثيقة الختامية بعنوان "نتائج التقييم والاختبارات المشتركة لنظام بيدو".

بين يومي 2 و3 إبريل، عقدت الدورة الثامنة لمؤتمر رجال الأعمال الصينيين والعرب والدورة السادسة لندوة الاستثمارات في عاصمة تونس، بحضور أكثر من 600 شخص من اللجنة الوطنية للمؤتمر الاستشاري السياسي للشعب الصيني والمجلس الصيني لتنمية التجارة الدولية والمسؤولين من الحكومة التونسية وجامعة الدول العربية وممثلي رجال الأعمال الصينيين والعرب. وأصدر المؤتمر "إعلان تونس".

في يوم 16 إبريل، عقدت الدورة الثانية لمنتدى التعاون الصيني العربي للإصلاح والتنمية في مدينة شانغهاي، الصين، تحت شعار "التعاون في بناء الحزام والطريق ومشاركة التنمية والازدهار"، وحضر المنتدى أكثر من 100 شخص، بمن فيهم ممثلو وزارة الخارجية ووزارة التجارة ووزارة الثقافة والسياحة الصينية، والشخصيات السياسية العربية السابقين والمسؤولون الحكوميون والباحثون والصحفيون وبعض السفراء الصينيين السابقين لدى دول الشرق الأوسط والخبراء والأكاديميون من الجامعات والمؤسسات البحثية ذات الصلة. وناقش الجانبان بشكل معمق حول "التواصل السياسي: تعزيز المواءمة بين الاستراتيجيات التنموية الصينية والعربية"، و"تعميق التعاون: تطوير العلاقات الصينية العربية في إطار الحزام والطريق"، و"التواصل بين المراكز الفكرية: تقديم الدعم الفكري لبناء الحزام والطريق".

في يوم 11 يونيو، عقدت الدورة الثالثة لاجتماع الخبراء الصينيين والعرب في مجال المكتبات والمعلومات في عاصمة الكويت، تحت شعار " الاستفادة المتبادلة: نحو مستقبل معلوماتي للمكتبة الرقمية العربية الصينية"، بحضور أكثر من 30 ممثلا من مجال المكتبات والمعلومات في الصين والدول العربية. وأجرى الجانبان المناقشات المعمقة حول سبل تعميق التعاون في مجال المكتبات الإلكترونية.

في يوم 18 يونيو، عقدت الدورة السادسة عشرة لاجتماع كبار المسؤولين لمنتدى التعاون الصيني العربي في أبوظبي، الإمارات، برئاسة الأمين العام لأمانة الجانب الصيني لمنتدى التعاون الصيني العربي مدير عام إدارة غربي آسيا وشمالي إفريقيا بوزارة الخارجية الصينية وانغ دي ومساعد وزير الخارجية والتعاون الدولي للشؤون السياسية الإماراتي

خليفة شاهين. وشارك في الاجتماع السفير الصيني لدى الإمارات ني جيان وسفير شؤون منتدى التعاون الصيني العربي بوزارة الخارجية الصينية لي تشنغون والأمين العام المساعد للجامعة العربية خالد الهباس، وعميد السلك الدبلوماسي العربي لدى الصين السفير العماني عبدالله السعدي. وحضر الاجتماع أكثر من 120 شخص، بمن فيهم الممثلون من وزارة الخارجية ووزارة التجارة ووزارة الثقافة والسياحة الصينية والمسؤولون من وزارات الخارجية لـ21 دولة عربية والأمانة العامة للجامعة العربية. قام الاجتماع بتلخيص مدى التنفيذ لنتائج الدورة الثامنة لاجتماع الوزاري لمنتدى التعاون الصيني العربي وتقييم مدى التنفيذ للبرنامج التنفيذي للمنتدى بين عامي 2018 - 2020 ومناقشة خطة العمل للمرحلة المقبلة، وتبادل الآراء حول الأعمال التحضيرية للدورة التاسعة للاجتماع الوزاري للمنتدى المزمع عقدها في الأردن عام 2020. وتبنى الاجتماع "الوثيقة الختامية". في نفس اليوم، أقام الجانبان الدورة الخامسة للحوار السياسي الاستراتيجي على مستوى كبار المسؤولين، وتبادلا وجهات النظر بشكل معمق حول القضايا الدولية والإقليمية المهمة ذات الاهتمام المشترك.

في يوم 16 أغسطس، عقدت الدورة الثانية لمنتدى التعاون الصيني العربي في مجال الصحة في بكين، الصين، تحت شعار "تعميق التعاون الصيني العربي في مجال الصحة والتعاون في بناء طريق الحرير في مجال الصحة"، وشارك فيه حوالي 180 شخص، من بينهم ممثلو الدول العربية والسفراء العرب لدى الصين والمنظمات الدولية. وأجرى الجانبان المناقشات المعمقة حول الدراسة والتنسيق بين السياسات الصحية الصينية العربية والوقاية والسيطرة على الأمراض الخطيرة والتعاون في مجال الطب التقليدي والتواصل الفني بين المؤسسات الطبية. وتبنى المنتدى "مبادرة بكين للتعاون الصيني العربي في مجال الصحة لعام 2019".

في يوم 5 سبتمبر، عقدت الدورة الثالثة لمؤتمر التعاون الصيني العربي لنقل التكنولوجيا والإبداع في مدينة ينتشوان بمنطقة نينغشيا، الصين. وحضر المؤتمر أكثر من 500 شخص، من بينهم المسؤولون الحكوميون المعنيون بالعلوم والتكنولوجيا وممثلو المؤسسات العلمية ومؤسسات نقل التكنولوجيا والخبراء والأكاديميون ورجال الأعمال من الصين ومصر والمغرب وغيرها من الدول. وأعلن المؤتمر 10 مشاريع التكنولوجيا ذات الأولوية ووقع على 10 مشاريع التعاون المهمة.

في يوم 17 أكتوبر، عقدت الدورة الرابعة لملتقى التعاون الصيني العربي في مجال الاذاعة والتلفزيون في مدينة هانغتشو بمقاطعة تشجيانغ، الصين. وأرسل الرئيس الصيني شي جينبينغ رسالة التهنئة إلى المنتدى. وقال الرئيس شي جينبينغ إنه في يوليو عام 2018 أعلنت إقامة علاقات الشراكة الاستراتيجية القائمة على التعاون الشامل والتنمية المشتركة والمتجهة نحو مستقبل أفضل في الدورة الثامنة للاجتماع الوزاري لمنتدى التعاون الصيني العربي، ودخل التعاون الودي بين الجانبين إلى مرحلة جديدة. وآمل من الجانبين تضافر الجهود لدفع التنمية المتكاملة لوسائل الإعلام، وإنشاء وسائل الإعلام الإذاعية والتلفزيونية الذكية، وتطوير الشبكات الإذاعية والتلفزيونية الذكية، بما يقدم مساهمات أكبر في تعزيز التواصل الشعبي ودفع علاقات الشراكة الاستراتيجية الصينية العربية. اتخذ الملتقى شعار "تعميق التعاون في مجال الإعلام وإثراء الإبداع للمحتويات"، بمشاركة أكثر من 300 شخص من 19 دولة وإقليما. وتبنى الملتقى "إعلان هانغتشو لملتقى التعاون الصيني العربي في مجال الإذاعة والتلفزيون".

بين يومي 17 و18 ديسمبر، عقدت الدورة الثامنة لندوة العلاقة الصينية العربية والحوار بين الحضارتين الصينية والعربية في عاصمة المغرب الرباط. وحضر الندوة أكثر من 80 شخصا، من وزارة الخارجية ووزارة الثقافة والسياحة ومكتب الإعلام التابع لمجلس الدولة والهيئة الوطنية للشؤون الدينية والمؤسسات البحثية المعروفة من الجانب الصيني و17 دولة عربية والجامعة العربية. وناقش الجانبان بشكل معمق حول "تكريس ثقافة السلام باستخدام دبلوماسية القوة الناعمة" و"دور التنمية المستدامة في تكريس ثقافة السلام" و"تعزيز التنوع الثقافي" و"استخدام وسائل الإعلام التقليدية والحديثة لمواجهة أفكار الإرهاب والعنف والتطرف" و"تعزيز الحوار بين الحضارات من خلال الابتكار في الصناعة الثقافية". وتبنت الندوة "التقرير الختامي".

في يوم 19 ديسمبر، عقدت الدورة الثالثة لمنتدى المرأة الصينية والعربية في الرياض بالسعودية، تحت شعار "المرأة وخلق مستقبل مبدع ومستدام"، وشارك في المنتدى اتحاد النساء لعموم الصين ووزارة العمل والتنمية الاجتماعية السعودية وجامعة الأميرة نورة بنت عبد الرحمن ومجلس شؤون الأسرة وجامعة الدول العربية والممثلات لسيدات الأعمال. وقام المشاركين بالمناقشات المعمقة حول "مبادرة المنظمة غير الربحية وتمكين المرأة" و"المرأة والاستثمار" و"مكانة المرأة في الثقافة العربية والصينية" و"بناء

القدرات الرقمية للمرأة" و"آفاق الشراكة بين المرأة العربية والصينية".

في يوم 25 ديسمبر، التقى مساعد وزير الخارجية الصيني تشن شياودونغ مع السفير خالد الهباس الأمين العام المساعد للجامعة العربية الزائر في الصين. وتبادل الجانبان وجهات النظر حول مدى تنفيذ نتائج الدورة الثامنة للاجتماع الوزاري لمنتدى التعاون الصيني العربي والأعمال التحضيرية للدورة التاسعة للاجتماع الوزاري.

عام 2020

في يوم 7 يناير، التقى مستشار الدولة وزير الخارجية وانغ يي بأمين عام جامعة الدول العربية أحمد أبو الغيط خلال زيارته لمصر. وقال وانغ إن الرئيس الصيني شي جينبينغ دعا إلى بناء المجتمع الصيني العربي للمستقبل المشترك، مما حدد الاتجاه للعلاقات الصينية العربية. ويجب على الجانبين مواصلة تعميق علاقات الشراكة الاستراتيجية والدفع بحل القضايا الساخنة في المنطقة سياسيا. وتولي الصين اهتماما بالغا لدور جامعة الدول العربية وتقدر موقفها العادل والموضوعي من القضايا الدولية والإقليمية الهامة، وتدعم الدول العربية لمواجهة الصعوبات والتحديات الحالية بالتنسيق في إطار الجامعة العربية. وقد حقق منتدى التعاون الصيني العربي نتائج مثمرة، فيجب على الجانبين اغتنام فرصة الاجتماع الوزاري التاسع للمنتدى المزمع عقده في العام الجاري هذا العام، وإحكام التحضيرات السياسية، سعيا لجعله اجتماعا جيدا وفعالا يطلق صوتا موحدا حول آخر التطورات الدولية والإقليمية. وتشكر الصين الجامعة على دعمها الثابت للصين في القضية المتعلقة بشينجيانغ وغيرها من القضايا. من جانبه، قال أحمد أبو الغيط إن الجامعة العربية تهتم اهتماما بالغا بتطوير العلاقات مع الصين. قد حقق الاجتماع الوزاري الثامن لمنتدى التعاون الصيني العربي نتائج مهمة، وتحرص الجامعة على العمل مع الصين لإنجاح الدورة التاسعة للاجتماع الوزاري. ويتفهم الجانب العربي تماما موقف الصين من القضايا المتعلقة بشينجيانغ، ويرفض التدخل في الشؤون الداخلية للصين. ويقدر الجانب العربي موقف الصين العادل ودورها البناء في حل القضايا الساخنة في الشرق الأوسط، ويشكر الصين على دعمها الثابت والدائم للقضايا العادلة للشعوب العربية وخاصة الشعب الفلسطيني لاستعادة الحقوق المشروعة.

في يوم 4 يوليو، بمناسبة انعقاد الدورة التاسعة للاجتماع الوزاري لمنتدى التعاون

الصيني العربي، نشر الأمين العام لجامعة الدول العربية أحمد أبو الغيط مقالة بعنوان "تعميق الشراكة الاستراتيجية لمواجهة التحديات العالمية" في الصفحة الثالثة لـ"صحيفة الشعب اليومية" الصادرة في يوم 4 يوليو عام 2020. وقال في المقالة إن عقد الجانبين الصيني والعربي الاجتماعات بشكل دوري وفي الموعد المحدد في ظل جائحة كورونا لأمر يعكس بجلاء متانة العلاقات العربية الصينية، كما يعكس اهتمام الجامعة بتطوير وتعميق علاقات الشراكة الاستراتيجية العربية الصينية. يعد منتدى التعاون العربي الصيني، الذي تأسس في عام 2004، معلما في مسيرة التواصل الودي بين الجانبين العربي الصيني، وهو أحد أهم وأنجح منتديات التعاون التي أقيمت بين الجامعة العربية ودول العالم والشركاء الدوليين، وقد أصبح منصة مهمة لتعزيز العلاقات العربية الصينية. وتعتبر الصين أحد أهم شركاء الدول العربية في المجتمع الدولي. لذلك، يكتسب التعاون بين الجانبين لمواجهة التحديات الحالية والتصدي للأمراض المعدية ومواجهة التغير المناخي وغيرها من المخاطر الكونية يكتسب أهمية كبيرة جدا. وتحرص الجامعة العربية على تطوير العلاقات مع الصين في إطار الآليات القائمة لمنتدى التعاون الصيني العربي، بما يعود بالخير على الشعبين العربي والصيني.

في يوم 6 يوليو، عقدت الدورة التاسعة للاجتماع الوزاري لمنتدى التعاون الصيني العربي عبر الإنترنت، وأرسل الرئيس الصيني شي جينبينغ رسالة التهنئة للاجتماع. وترأس الاجتماع مستشار الدولة وزير الخارجية الصيني وانغ يي ووزير الخارجية وشؤون المغتربين الأردني أيمن الصفدي. وشارك في الاجتماع وزراء الخارجية والمسؤولون على المستوى الوزاري من جميع الدول العربية والأمين العام للجامعة العربية أحمد أبو الغيط. وقرأ وانغ يي رسالة التهنئة من الرئيس الصيني شي جينبينغ، وقال الرئيس في الرسالة إنني أعلنت إقامة علاقات الشراكة الاستراتيجية بين الجانبين الصيني والعربي في الاجتماع الوزاري الثامن لمنتدى التعاون الصيني العربي، ودعوت إلى إقامة المجتمع الصيني العربي للمستقبل المشترك، وبناء مجتمع المستقبل المشترك للبشرية، الأمر الذي حظي بتجاوب حار من الدول العربية. على مدى العامين الماضيين، عزز الجانبان التنسيق الاستراتيجي، وتعمقت علاقات الشراكة الاستراتيجية الصينية العربية القائمة على التعاون الشامل والتنمية المشتركة والمتجهة نحو مستقبل أفضل. وقال الرئيس شي جينبينغ إنه منذ تفشي جائحة كورونا، شاركت الصين والدول العربية

في السراء والضراء ودعمتا بعضهما البعض بثبات وتعاوننا بشكل وثيق، وما يعكس الصورة الحية للمستقبل المشترك للجانبين. في ظل الوضع الحالي، يحتاج الجانبان أكثر من أي وقت مضى إلى تعزيز التعاون لتجاوز الصعوبة الحالية والتقدم إلى الأمام يدا بيد. وآمل من الجانبين انتهاز فرصة هذا الاجتماع لتعزيز التواصل والتنسيق الاستراتيجي، ودفع التعاون في مكافحة الجائحة وغيرها من المجالات بخطوات متزنة، بما يدفع أعمال بناء المجتمع الصيني العربي للمستقبل المشترك بخطوات مستمرة، ويعود بالخير على الشعبين الصيني والعربي بشكل أفضل.

قال وانغ يي إن الصين والدول العربية ساعدتا بعضهما البعض بروح الفريق الواحد في مكافحة جائحة كورونا، وهو خير دليل على المستقبل المشترك بين الجانبين. في الجلسة الافتتاحية للاجتماع الوزاري السابق، أعلن الرئيس شي جينبينغ إقامة علاقات الشراكة الاستراتيجية القائمة على التعاون الشامل والتنمية المشتركة والمتجهة نحو المستقبل بين الجانبين الصيني والعربي، وطرح مبادرة بناء المجتمع الصيني العربي للمستقبل المشترك. في العامين الماضيين، يتكثف التواصل رفيع المستوى بين الجانبين، ويتقدم التعاون في كافة المجالات على نحو شامل، وحققت علاقات الشراكة الاستراتيجية إنجازات مثمرة، واتضحت المعالم للمجتمع الصيني العربي للمستقبل المشترك. في مواجهة التحديات الكونية الناجمة عن الجائحة والتغيرات غير المسبوقة منذ مائة عام في العالم، يجب على الجانبين تحديد الاتجاه الاستراتيجي للعلاقة بينهما بنظرة دولية أوسع، ودفع التعاون الاستراتيجي بينهما بالوعي التاريخي الأكثر إلحاحا، وترجمة المجتمع الصيني العربي للمستقبل المشترك على الأرض، وبذل جهود دؤوبة لبناء مجتمع المستقبل المشترك للبشرية.

اتفق الجانبان الصيني والعربي خلال الاجتماع على عقد القمة الصينية العربية، وتوصلا إلى توافقات مهمة حول بناء المجتمع الصيني العربي للمستقبل المشترك وتبادل الدعم في القضايا المتعلقة بالمصالح الجوهرية للجانب الآخر، ودفع بناء "الحزام والطريق" وتعزيز التعاون في مكافحة الجائحة واستئناف العمل والإنتاج. وأصدر الاجتماع "البيان المشترك للصين والدول العربية بشأن التعاون في مكافحة جائحة كورونا" و"إعلان عمان للدورة التاسعة للاجتماع الوزاري لمنتدى التعاون الصيني العربي" و"البرنامج التنفيذي للمنتدى بين عامي 2020 و2022".

في يوم 24 نوفمبر، عقدت الدورة الرابعة من ندوة التعاون الصيني العربي في مجال

الاعلام عبر الإنترنت، تحت شعار "مسؤولية وسائل الإعلام في تعزيز التنمية المشتركة للصين والدول العربية في ظل جائحة كورونا"، وحضر الندوة حوالي 60 شخصا، من بينهم ممثلو الأجهزة الحكومية المعنية بالإعلام والمسؤولون لوسائل الإعلام الرئيسية من الصين والدول العربية. وتوصل الجانبان إلى توافقات واسعة بشأن تعزيز التعاون العملي في مجال الإعلام، وأصدرا "البيان المشترك للدورة الرابعة لندوة التعاون الصيني العربي في مجال الإعلام".

عام 2021

في يوم 6 إبريل، عقدت الدورة التاسعة لمؤتمر رجال الأعمال الصينيين والعرب والدورة السابعة لندوة الاستثمارات في بكين، الصين، تحت شعار "التكاتف لتعزيز التعاون الاقتصادي والتجاري الصيني العربي الموجه نحو المستقبل". وحضر المؤتمر حوالي 800 شخص، من بينهم المسؤولون الحكوميون ورجال الأعمال وممثلو المنظمات الدولية والإقليمية ذات الصلة من الصين والدول العربية حضوريا وافتراضيا.

في يوم 22 يونيو، عقدت الدورة السابعة عشرة لاجتماع كبار المسؤولين والدورة السادسة للحوار السياسي الاستراتيجي على مستوى كبار المسؤولين لمنتدى التعاون الصيني العربي عبر الإنترنت، وحضر الجلسة الافتتاحية مساعد وزير الخارجية الصيني دنغ لي وألقى كلمة فيها، وترأس الاجتماع الأمين العام لأمانة الجانب الصيني لمنتدى التعاون الصيني العربي مدير عام إدارة غربي آسيا وشمالي إفريقيا بوزارة الخارجية الصينية وانغ دي ورئيس الجانب العربي مندوب دولة قطر لدى جامعة الدول العربية السفير إبراهيم السهلاوي، وشارك فيه مسؤولون من 21 دولة عربية والأمانة العامة لجامعة الدول العربية والسفراء العرب لدى الصين. وقام الاجتماع بتلخيص مدى التنفيذ لنتائج الدورة التاسعة للاجتماع الوزاري للمنتدى، ومناقشة الأعمال التحضيرية للقمة الصينية العربية وخطة العمل للمرحلة المقبلة، وتبادل وجهات النظر حول القضايا الدولية والإقليمية ذات الاهتمام المشترك.

في يوم 18 يوليو، التقى مستشار الدولة وزير الخارجية وانغ يي بأمين عام جامعة الدول العربية أحمد أبو الغيط في العلمين خلال زيارته لمصر. وقال وانغ يي إن الصين يدعم التضامن والتقوية الذاتية للدول العربية، والإمساك بمستقبلها في أيديها، ويدعم جامعة الدول العربية للقيام بدور أكبر في تدعيم السلام والاستقرار في المنطقة وإيجاد

حلول سياسية للقضايا الساخنة. في السنوات الأخيرة، قام الجانبان الصيني والعربي بدفع العلاقات الصينية العربية إلى الأمام من خلال منتدى التعاون الصيني العربي. وتوصلا إلى توافق بشأن "العمل سويا على إقامة المجتمع الصيني العربي للمستقبل المشترك نحو العصر الجديد" وعقد القمة الصينية العربية الأولى، الأمر الذي يضفي قوة دافعة قوية على علاقات الشراكة الاستراتيجية الصينية العربية. ويحرص الجانب الصيني على التكاتف والتعاون مع الدول العربية على تنفيذ مخرجات الدورة التاسعة للاجتماع الوزاري لمنتدى التعاون الصيني العربي، والعمل يدا بيد على إقامة المجتمع الصيني العربي للمستقبل المشترك. من جانبه، أعرب أحمد أبو الغيط عن التهنئة بمناسبة الذكرى المئوية لتأسيس الحزب الشيوعي الصيني، وسجل التقدير العالي للإنجازات التاريخية التي حققها الشعب الصيني بقيادة الحزب الشيوعي الصيني. وأكد أحمد أبو الغيط أن العلاقات العربية الصينية قوية جدا، وتأمل جامعة الدول العربية في مواصلة تعزيز هذه العلاقات. وتشكر الجامعة الصين على ما قدمته من المساعدات المادية لمكافحة الجائحة. وتقدر الجامعة موقف الصين العادل من القضايا الإقليمية، وتدعم المبادرات الصينية بشأن الأوضاع الإقليمية والقضايا الساخنة، مستعدة للتواصل الوثيق مع الجانب الصيني لإنجاح القمة العربية الصينية الأولى. كما تبادل الجانبان وجهات النظر بشكل معمق حول القضايا الدولية والإقليمية ذات الاهتمام المشترك. وأصدر الجانبان "البيان المشترك بين وزارة الخارجية لجمهورية الصين الشعبية والأمانة العامة لجامعة الدول العربية"، وهو أول بيان مشترك أصدره أمين عام جامعة الدول العربية مع وزير الخارجية الزائر من دولة خارج المنطقة.

في يوم 19 أغسطس، عقدت الدورة الرابعة لمؤتمر التعاون الصيني العربي لنقل التكنولوجيا والإبداع في مدينة ينتشوان بمقاطعة تشيجيانغ، الصين، وحضر المؤتمر أكثر من 2500 شخص حضوريا وافتراضيا، من بينهم ممثلو الأجهزة الحكومية المعنية بالعلوم والتكنولوجيا والمؤسسات البحثية والجامعات ومؤسسات نقل التكنولوجيا من الصين والدول العربية وغيرها من الدول المطلة على "الحزام والطريق". وأصدر المؤتمر 10 إنجازات تكنولوجية رئيسية و18 مشروع التعاون ذي الأولوية.

في يوم 1 سبتمبر، عقدت الدورة الرابعة لاجتماع الخبراء الصينيين والعرب في مجال المكتبات والمعلومات في مدينة هانغتشو بمقاطعة تشيجيانغ، الصين، تحت شعار "التعاون والتواصل الإقليمي للمكتبات في ظل الجائحة"، وشارك في الاجتماع

افتراضيا أكثر من 40 رئيس المكتبة ومسؤولا وخبيرا من الصين و11 دولة عربية. وأجرى الجانبان الصيني والعربي المناقشات المعمقة حول "الفرص والتحديات للخدمات الإلكترونية للمكتبات الصينية والعربية" و"الخصائص والأنماط الجديدة لإدارة وتشغيل المكتبات الصينية والعربية". وأصدر الاجتماع البيان الختامي.

في يوم 14 سبتمبر، عقدت الدورة التاسعة لندوة العلاقات الصينية العربية والحوار بين الحضارتين الصينية والعربية في إطار منتدى التعاون الصيني العربي عبر الإنترنت، تحت شعار "التواصل بين الحضارتين الصينية والعربية في ظل التعاون في بناء المجتمع الصيني العربي للمستقبل المشترك"، وشارك فيها أكثر من 40 ممثلا وخبيرا من وزارة الخارجية ووزارة الثقافة والسياحة والهيئة الوطنية العامة للإذاعة والتلفزيون وجمعية الصداقة للشعب الصيني مع شعوب العالم والمؤسسات الأكاديمية البحثية المعروفة من الصين و21 دولة عربية والأمانة العامة لجامعة الدول العربية. وأجرى الجانبان المناقشات المعمقة حول "تكريس الشمول والتضامن واحترام الأنظمة الاجتماعية والحضارية لكافة الدول" و"تعزيز الحوار بين الحضارتين الصينية والعربية العريقتين" و"تعميق الاستفادة المتبادلة بين الحضارات وتعزيز التواصل الشعبي في إطار الحزام والطريق"، وأصدرت الندوة "التقرير الختامي".

في يوم 6 ديسمبر، عقدت الدورة الخامسة لملتقى التعاون الصيني العربي في مجال الإذاعة والتلفزيون في بكين وهانغتشو، الصين، بشكل حضوري وافتراضي. وتبنى الملتقى "البيان المشترك للدورة الخامسة لملتقى التعاون الصيني العربي في مجال الإذاعة والتلفزيون"، وطرح المبادرة من النقاط الثلاث المتمثلة في "الالتزام بالتعاون والثقة المتبادلة، والالتزام بمسؤولية وسائل الإعلام، والالتزام بالتوجيه بالابتكار"، وأصدر أربع إنجازات التعاون.

في يوم 8 ديسمبر، عقدت الدورة الثالثة لمنتدى التعاون الصيني العربي لنظام بيدو للملاحة بالأقمار الاصطناعية في بكين، الصين، بشكل حضوري وافتراضي، تحت شعار "تطبيق بيدو للمشاركة والكسب المشترك". وحضر المنتدى أكثر من 300 شخص، من بينهم ممثلو مكتب الفضاء السيبراني ووزارة التربية والتعليم ووزارة الصناعة والمعلوماتية والمؤسسات البحثية والجمعيات الصينية وجامعة الدول العربية والمنظمة العربية للطيران المدني، والمنظمة العربية للتنمية الزراعية، والأكاديمية العربية للعلوم

والتكنولوجيا والنقل البحري، والأجهزة الحكومية والشركات والجامعات من 17 دولة عربية. ووقع الجانبان "خطة العمل للتعاون الصيني العربي في مجال الملاحة عبر الأقمار الاصطناعية (2022 - 2023)" و"خطاب النوايا للتعاون في مجال خدمات البحث والإنقاذ والاختبارات المشتركة"، وأصدر الجانبان "نتيجة الاختبار والتقييم لنظام بيدو من الجانبين الصيني والعربي".

عام 2022

في يوم 21 يوليو، عُقدت الدورة الرابعة لمنتدى المرأة الصينية والعربية في بكين، الصين، تحت شعار "تعليم المرأة والابتكار التكنولوجي"، وحضر المنتدى المسؤولون من اتحاد النساء لعموم الصين ووزارة الخارجية الصينية والسفراء العرب لدى الصين وممثلو السفارات لدى الصين. وناقش المنتدى بشكل معمق حول موضوع "المرأة الصينية والعربية في العصر المعاصر كالرائدات والمبتكرات، وخلق الازدهار من خلال التعاون".

في يوم 8 سبتمبر، عقدت الدورة الثالثة للمنتدى الصيني العربي للإصلاح والتنمية في شنغهاي، الصين، عبر الإنترنت، تحت شعار "التعاون الصيني العربي في دفع مبادرة التنمية العالمية"، وشارك فيه أكثر من 20 خبيرا وباحثا من الصين و11 دولة عربية. وناقش الجانبان بشكل معمق حول "تعزيز المواءمة الاستراتيجية والعمل سويا لدفع مبادرة التنمية العالمية" و"الالتزام بالتنمية المدفوعة بالابتكار وتحقيق التنمية القوية والخضراء والصحية".

في يوم 1 نوفمبر، بعث الرئيس الصيني شي جينبينغ رسالة التهنئة إلى الرئيس الجزائري عبد المجيد تبون، الرئيس الدوري لمجلس الجامعة العربية على مستوى القمة، بمناسبة انعقاد القمة العربية الـ31 في الجزائر العاصمة. قال الرئيس شي جينبينغ إن جامعة الدول العربية تسعى إلى تحقيق التضامن والتقوية الذاتية للعالم العربي، تعمل بنشاط على تعزيز السلام والاستقرار في الشرق الأوسط، وتبذل جهودا مضنية لصون التعددية والمصالح المشتركة للدول النامية. كما أعرب الرئيس شي جينبينغ عن تقديره للجزائر لسعيها الدائم لتعزيز التضامن بين الدول العربية، ودورها في الحفاظ على الحقوق والمصالح المشروعة للدول النامية واهتمامها بالتعاون الجماعي

الصيني العربي. أكد الرئيس شي جينبينغ أن الصداقة بين الصين والجزائر وغيرها من الدول العربية تزداد متانة مع مرور الزمن. في السنوات الأخيرة، تتعزز الثقة السياسية المتبادلة يوما بعد يوم، وأحرز التعاون في إطار "الحزام والطريق" تقدما ملموسا، وحقق التعاون العملي نتائج مثمرة في كافة المجالات. في وجه جائحة كورونا، تضامن الجانبان الصيني والعربي في الأوقات الصعبة، ونصبا نموذجا يحتذى به للتعاون بين دول الجنوب. وتحرص الصين على العمل مع الدول العربية لتعزيز الدعم المتبادل وتوسيع التعاون، والعمل سويا على بناء المجتمع الصيني العربي للمستقبل المشترك نحو العصر الجديد، وخلق مستقبل مشرق للعلاقات الصينية العربية والمساهمة في إحلال السلام والتنمية في العالم.

في يوم 30 نوفمبر، عقدت الدورة الثالثة لمنتدى المدن الصينية العربية عبر الفيديو، بحضور أكثر من 100 شخص، بمن فيهم، المسؤولون من مكاتب الشؤون الخارجية (جمعيات الصداقة) من 25 مقاطعة صينية و41 مدينة عربية، والسفراء العرب لدى الصين وممثلو رجال الأعمال والباحثين الصينيين والعرب. وناقش الجانبان بشكل معمق حول التكنولوجيا الرقمية والمدن الذكية والحوكمة البيئية والتنمية المستدامة والترقية الصناعية والتعاون بين المدن الشقيقة. وتبنى الاجتماع "إعلان الدورة الثالثة لمنتدى المدن الصينية العربية".

في يوم 8 ديسمبر، وصل الرئيس الصيني شي جينبينغ إلى الرياض لحضور القمة الصينية العربية الأولى والقمة الصينية والخليجية، فضلا عن القيام بزيارة الدولة إلى المملكة العربية السعودية. ونشر مقالة موقعة بعنوان "توارث الصداقة الممتدة لآلاف السنين والعمل سويا على خلق مستقبل جميل" في جريدة "الرياض" السعودية. قال الرئيس شي جينبينغ إن العالم يمر بالتغيرات غير المسبوقة منذ مائة عام، ويواجه كل من الصين والدول العربية المهمة التاريخية لتحقيق نهضة الأمة وتسريع التنمية الوطنية. في الأوضاع الجديدة، ستعمل الصين مع الدول العربية على تكريس روح الصداقة وبناء المجتمع الصيني العربي للمستقبل المشترك نحو العصر الجديد. ستواصل الصين والدول العربية رفع راية عدم التدخل في الشؤون الداخلية عاليا، وتبادل الدعم الثابت للحفاظ على السيادة وسلامة الأراضي، والدفاع عن العدالة والإنصاف الدوليين.

وستواصل الصين والدول العربية التعاون في بناء "الحزام والطريق"، وتوسيع نطاق التعاون العملي في مجالات الغذاء والطاقة والاستثمار والتمويل والطب وغيرها، بما يحقق المنفعة المتبادلة والكسب المشترك بجودة أعلى وفي بعد أعمق. ستواصل الصين والدول العربية تنفيذ مبادرة التنمية العالمية ومبادرة الأمن العالمي، بما يضخ مزيدا من الاستقرار للمنطقة المضطربة، ويضيف مزيدا من الطاقة الإيجابية لقضية السلام والتنمية. ستواصل الصين والدول العربية تكريس القيم المشتركة للبشرية المتمثلة في السلام والتنمية والإنصاف والعدالة والديمقراطية والحرية، لتجاوز القطيعة الحضارية والصراع الحضاري بالتواصل والتنافع بين الحضارات، وتعزيز التعارف والتقارب بين الشعوب، بما يبني حديقة الحضارات التي تزدهر فيها كافة الحضارات.

في يوم 9 ديسمبر، عقدت القمة الصينية العربية الأولى في مركز الملك عبد العزيز الدولي للمؤتمرات في الرياض. وألقى الرئيس الصيني شي جينبينغ كلمة رئيسية بعنوان "تكريس روح الصداقة الصينية العربية والعمل يدا بيد على بناء المجتمع الصيني العربي للمستقبل المشترك نحو العصر الجديد". قال الرئيس شي جينبينغ إن التواصل الودي بين الصين والدول العربية يضرب بجذوره في أعماق التاريخ، حيث تلاقت وتعرفت الحضارتان على بعضها البعض عبر طريق الحرير القديم، وشاركتا السراء والضراء في النضال من أجل التحرير الوطني، وحققتا الكسب المشترك في ظل العولمة الاقتصادية، وظلتا تتمسكان بالحق والعدالة في العالم المتغير، حتى تتبلور روح الصداقة الصينية العربية المتمثلة في "التضامن والتآزر والمساواة والمنفعة المتبادلة والشمول والاستفادة المتبادلة". في الوقت الراهن، دخل العالم مرحلة جديدة من الاضطراب والتغير، وتشهد منطقة الشرق الأوسط تغيرات جديدة وعميقة. باتت رغبة الشعوب العربية في السلام والتنمية أكثر إلحاحا، واشتدت نداءاتها الداعية إلى الإنصاف والعدالة. في هذا السياق، على الجانبين الصيني والعربي، باعتبارهما شريكين استراتيجيين، توارث وتطوير روح الصداقة الصينية العربية، وتعزيز التضامن والتعاون، وبناء مجتمع مستقبل مشترك أوثق بين الصين والدول العربية، بما يعود بمزيد من الخير على شعوب الجانبين، ويساهم في قضية التقدم للبشرية. إن المؤتمر الوطني العشرين للحزب الشيوعي الصيني حدد المهام والطرق لتحقيق النهضة العظيمة للأمة الصينية على نحو

شامل من خلال التحديث الصيني النمط، وسيلتزم الجانب الصيني بالحفاظ على سلام العالم وتعزيز التنمية المشتركة والدفع ببناء مجتمع المستقبل المشترك للبشرية، ويوفر فرصا جديدة للدول العربية وغيرها من دول العالم من خلال التنمية الجديدة في الصين.

حضر القمة ولي العهد السعودي رئيس مجلس الوزراء الأمير محمد بن سلمان بن عبد العزيز آل سعود والرئيس المصري عبد الفتاح السيسي والعاهل الأردني الملك عبد الله الثاني وملك البحرين حمد بن عيسى آل خليفة وولي العهد الكويتي الشيخ مشعل الأحمد الجابر الصباح والرئيس التونسي قيس سعيد والرئيس الجيبوتي إسماعيل عمر جيله والرئيس الفلسطيني محمود عباس وأمير قطر الشيخ تميم بن حمد آل ثاني ورئيس جزر القمر غزالي عثماني والرئيس الموريتاني محمد ولد الغزواني ورئيس الوزراء العراقي محمد شياع السوداني ورئيس الوزراء المغربي عزيز أخنوش ورئيس الوزراء الجزائري أيمن بن عبد الرحمن ورئيس الوزراء اللبناني نجيب ميقاتي وغيرهم من قادة 21 دولة عربية وأمين عام جامعة الدول العربية أحمد أبو الغيط وغيره من مسؤولي المنظمات الدولية. أصدر الجانبان "إعلان الرياض للقمة الصينية العربية الأولى"، واتفقا على العمل بكل الجهود على بناء المجتمع الصيني العربي للمستقبل المشترك نحو العصر الجديد، وكذلك "الخطوط العريضة لخطة التعاون الشامل بين الصين والدول العربية"، و"وثيقة بشأن تعميق الشراكة الاستراتيجية الصينية العربية من أجل السلام والتنمية".

بين يومي 19 و20 ديسمبر، أرسل الرئيس الصيني شي جينبينغ رسالة التهنئة إلى مهرجان الفنون العربية الخامس المقام في مدينة جينغدتشن بمقاطعة جيانغشي الصينية، الصين. وأشار الرئيس شي جينبينغ فيها إلى أن الصداقة بين الصين والدول العربية تضرب بجذورها في أعماق التاريخ، وتزداد متانة مع مر التاريخ. من فتح طريق الحرير القديم إلى العمل المشترك لبناء "الحزام والطريق"، عملت الصين والدول العربية يدا بيد، وحققتا نتائج مثمرة في التواصل الشعبي. يأمل الرئيس شي جينبينغ من الجانبين انتهاز فرصة مهرجان الفنون العربية الخامس، لتنفيذ نتائج القمة الصينية العربية الأولى، وتكريس روح طريق الحرير وتعزيز الصداقة التقليدية وتوثيق التواصل الشعبي، بما يضخ قوة الدفع المستمرة لتعميق الشراكة الاستراتيجية الصينية العربية،

ويسهم في بناء المجتمع الصيني العربي للمستقبل المشترك نحو العصر الجديد. أُقيم في إطار مهرجان الفنون العربية الخامس المنتديات والعروض الفنية والعروض للتراث غير المادي والمعرض الخاص للخزف الصيني المصدر في قديم الزمان والسوق الثقافية الإبداعية وغيرها من الأنشطة، حيث أجرى الفنانون الصينيون والعرب تواصلا ثقافيا بشكل عميق.

عام 2023

في يوم 19 مايو، أرسل الرئيس الصيني شي جينبينغ رسالة التهنئة إلى العاهل السعودي الملك سلمان بن عبد العزيز آل سعود، الرئيس الدوري لمجلس جامعة الدول العربية على مستوى القمة، بمناسبة انعقاد القمة العربية الـ32 في مدينة جدة بالسعودية. أشار الرئيس شي جينبينغ إلى أن جامعة الدول العربية تعمل منذ فترة طويلة على تعزيز التضامن والتقوية الذاتية للعالم العربي، وتعزيز السلام والاستقرار والتنمية في الشرق الأوسط. يسعدني أن أرى أن الدول العربية خطت خطوات جديدة وحققت إنجازات جديدة في طريق التضامن والتقوية الذاتية. كما أعرب الرئيس شي جينبينغ عن تقديره للسعودية، التي قدمت بصفتها قوة مهمة في عالم متعدد الأقطاب، مساهمات إيجابية في تعزيز التضامن والتعاون بين الدول العربية والحفاظ على السلام والاستقرار في الشرق الأوسط. وأكد الرئيس شي جينبينغ أن الصداقة التقليدية بين الصين والدول العربية ممتدة لآلاف السنين وتزداد قوة مع مرور الوقت. في السنوات الأخيرة، حققت علاقات الشراكة الاستراتيجية بين الجانبين تطورا مستمرا وأحرزت نتائج مثمرة، وأصبحت نموذجا للتعاون والمنفعة المتبادلة بين دول الجنوب. عقدت القمة الصينية العربية الأولى بنجاح في الرياض في ديسمبر عام 2022، حيث اتفق قادة الصين والدول العربية على العمل بكل الجهود على بناء المجتمع الصيني العربي للمستقبل المشترك نحو العصر الجديد، وتعزيز التضامن والتعاون بين الجانبين الصيني والعربي، ودعم عملية النهضة الوطنية للجانب الآخر، وتعزيز السلام والتنمية الإقليميين، والحفاظ على العدالة والإنصاف الدوليين، وتعد القمة معلما بارزا في مسيرة العلاقات الصينية العربية. في المستقبل، تحرص الصين على العمل مع الدول العربية على تكريس روح الصداقة الصينية العربية، وتنفيذ نتائج القمة الصينية العربية الأولى، ورفع مستوى الشراكة

الاستراتيجية الصينية العربية، ومواصلة كتابة فصول جديدة للصداقة الصينية العربية.

في يوم 29 مايو، عقدت الدورة الثامنة عشرة لاجتماع كبار المسؤولين لمنتدى التعاون العربي الصيني في مدينة تشنغدو، الصين. وحضر الاجتماع الأمين العام للجانب الصيني لمنتدى التعاون العربي الصيني مدير عام إدارة غربي آسيا وشمالي إفريقيا بوزارة الخارجية الصينية وانغ دي، وسفير شؤون منتدى التعاون الصيني العربي بوزارة الخارجية الصينية لي تشن، وممثلو دائرة الشؤون الإعلامية للجنة المركزية للحزب الشيوعي الصيني ووزارة التربية والتعليم ووزارة العلوم والتكنولوجيا وغيرها من 16 عضو الأمانة العامة للجانب الصيني، وكذلك رئيس الجانب العربي السفير محمد مصطفى عرفي مندوب مصر الدائم لدى جامعة الدول العربية، والأمين العام المساعد للجامعة خالد منزلاوي وغيرهما من كبار مسؤولين من 22 دول عربية والأمانة العامة لجامعة الدول العربية. واستعرض المشاركون الأعمال المنجزة في إطار منتدى التعاون العربي الصيني منذ الدورة التاسعة للاجتماع الوزاري، وأجروا المناقشات المعمقة حول سبل تنفيذ نتائج القمة الصينية العربية وتعزيز التعاون العملي في كافة المجالات وتعزيز بناء المنتدى، وطرحوا الاقتراحات حول الأعمال في المرحلة المقبلة. في نفس اليوم، عقد الجانبان الدورة السابعة للحوار السياسي الاستراتيجي على مستوى كبار المسؤولين، لتبادل الآراء بشكل معمق حول القضايا الدولية والإقليمية ذات الاهتمام المشترك.

بين يومي 11 و12 يونيو، عقدت الدورة العاشرة لمؤتمر رجال الأعمال الصينيين والعرب والدورة الثامنة لندوة الاستثمارات لمنتدى التعاون الصيني العربي العاصمة السعودية الرياض. وحضر وزير الخارجية السعودي الأمير فيصل بن فرحان وأمين عام جامعة الدول العربية أحمد أبو الغيط ووزير الاستثمار السعودي خالد الفالح الجلسة الافتتاحية وألقوا فيها الكلمات الرئيسية. وعقد المؤتمر تحت شعار "التعاون الصيني العربي من أجل الازدهار"، وشارك فيه أكثر من 3500 شخص من الصين وأكثر من 20 دولة عربية. وتبادل الجانبان وجهات النظر حول المواضيع في مجالات التجارة والمالية والبنية التحتية والطاقة والصناعات الخضراء.

بين يومي 25 و31 أغسطس، قام رئيس البرلمان العربي عادل العسومي بزيارة الصين تلبية لدعوة تشاو لجي، رئيس اللجنة الدائمة للمجلس الوطني لنواب الشعب الصيني. في يوم 28 أغسطس، أجرى تشاو لجي المحادثات مع عادل العسومي في قاعة الشعب

الكبرى، حيث قال إنه تحت القيادة الاستراتيجية من الرئيس شي جينبينغ وقادة الدول العربية، حققت العلاقات الصينية العربية قفزات في التنمية. وتحرص الصين على العمل مع الجانب العربي لتنفيذ نتائج القمة الصينية العربية الأولى، وتكريس روح الصداقة الصينية العربية المتمثلة في التضامن والتآزر والمساواة والمنفعة المتبادلة والشمول والاستفادة المتبادلة، وبذل قصارى الجهد لبناء المجتمع الصيني العربي للمستقبل المشترك في العصر الجديد. وإن إنشاء آلية التواصل بين المجلس الوطني لنواب الشعب الصيني والبرلمان العربي من شأنه أن يضخ زخما جديدا في تنمية العلاقات الصينية العربية، على أمل في تعزيز التواصل بين الجانبين على كافة المستويات، وتوسيع وتعميق التعاون بين الأجهزة التشريعية للجانبين، بما يثري المقومات العصرية للمجتمع الصيني العربي للمستقبل المشترك. من جانبه، قال عادل العسومي إن الدول العربية تلتزم دائما وبشدة بمبدأ الصين الواحدة، وتدعم مبادرة "الحزام والطريق" ومبادرة التنمية العالمية ومبادرة الأمن العالمي ومبادرة الحضارة العالمية. ويأمل في زيادة ترسيخ الصداقة والثقاة المتبادلة بين الجانبين، وتعزيز التعاون متبادل المنفعة. وإن البرلمان العربي مستعد لتعزيز التواصل مع المجلس الوطني لنواب الشعب الصيني، بما يقدم المساهمات التشريعية في تعزيز العلاقات العربية الصينية وتوثيق الاستفادة المتبادلة بين الحضارات. عقب المحادثات، وقع تشاو لجي وعادل العسومي مذكرة تفاهم بشأن إنشاء آلية التواصل بين المجلس الوطني لنواب الشعب الصيني والبرلمان العربي.

في يوم 29 أغسطس، التقى عضو المكتب السياسي مدير مكتب لجنة الشؤون الخارجية للجنة المركزية للحزب الشيوعي الصيني وانغ يي مع رئيس البرلمان العربي عادل العسومي في بكين، الصين. قال وانغ يي إن القمة الصينية العربية الأولى المنعقدة في المملكة العربية السعودية تعد معلما هاما للعلاقات الصينية العربية. وتحرص الصين على ترسيخ الدعم الثابت والمتبادل مع الجانب العربي، وتعزيز تبادل الخبرات بشأن الحكم والإدارة، وتعميق التعاون العملي في كافة المجالات، وتوثيق التواصل والاستفادة المتبادلة بين الحضارتين، ودفع بناء منتدى التعاون الصيني العربي، وجعل الشعبين أصدقاء يربطهما الفهم المتبادل والصداقة العميقة. وأمل من البرلمان العربي أن يقدم مساهمة أكبر في هذا الخصوص كمؤسسة تمثل الرأي العام العربي. من جانبه، قال عادل العسومي إن العلاقات العربية الصينية تمر بفترة ذهبية. إن الجانب العربي يعتبر الصين شريكا

استراتيجيا صادقا وموثوقا. ويدعم البرلمان العربي الصين بشكل ثابت للحفاظ على وحدتها وسلامة أراضيها، ويعرب عن التقدير العالي والتأييد الكامل لمبادرات الرئيس شي جينبينغ الهامة. ويحرص على دفع الدول العربية للتعلم من خبرات الصين في مجال مكافحة الفقر وغيره من مجالات الحكم والإدارة، ودفع العلاقات الصينية العربية إلى مستوى جديد.

بين يومي 19 و 21 سبتمبر، عقدت الدورة السابعة لمؤتمر التعاون الصيني العربي في مجال الطاقة في مدينة هايكو بمقاطعة هاينان، الصين، تحت شعار "إطلاق عصر ذهبي للتعاون العربي الصيني في مجال الطاقة والالتزام بمعايير الجودة والاستدامة". شارك فيه الممثلون عن الأجهزة الحكومية الصينية والعربية والمنظمات الدولية والإقليمية والمؤسسات الأكاديمية والبحثية وشركات الطاقة من الصين والدول العربية. وأصدر المؤتمر وثيقة "الاستعراض والاستشراف للتعاون الصيني العربي في مجال الطاقة"، وتبنى "البيان الختامي للدورة السابعة لمؤتمر التعاون الصيني العربي في مجال الطاقة".

في يوم 21 سبتمبر، عقدت الدورة الخامسة لمؤتمر التعاون الصيني العربي لنقل التكنولوجيا والإبداع في مدينة ينتشوان بمقاطعة نينغشيا، الصين، تحت شعار "التعاون الصيني العربي في مجال العلوم والتكنولوجيا، ومشاركة المستقبل المبتكر"، وشارك فيه أكثر من 500 شخص من الجانبين الصيني والعربي. ونشر المؤتمر 300 تقنية متقدمة وقابلة للتطبيق للدول العربية عبر الإنترنت، ووقع 8 مشاريع رئيسية للتعاون الصيني العربي في مجال العلوم والتكنولوجيا ونقل التكنولوجيا.

في يوم 26 سبتمبر، أقيمت الدورة الرابعة للمنتدى الصيني العربي للإصلاح والتنمية في شانغهاي، الصين، تحت شعار "تنفيذ نتائج القمة الصينية العربية الأولى والعمل على إقامة المجتمع الصيني العربي للمستقبل المشترك نحو العصر الجديد"، وحضر فيه حوالي 120 باحثا وخبيرا من الصين و18 دولة عربية. وأجرى الجانبان المناقشات المعمقة حول "بناء الحزام والطريق بجودة عالية والدفع برفع مستوى التعاون الصيني العربي" و"تطبيق مبادرة التنمية العالمية واستكشاف طريق التحديث بشكل مستقل".

بين يومي 24 و 25 أكتوبر، عقدت الدورة العاشرة لندوة العلاقات العربية الصينية والحوار بين الحضارتين في أبو ظبي، وشارك فيها نحو 80 شخصا من وزارة الخارجية الصينية ووزارة الثقافة والسياحة ومكتب الإعلام التابع لمجلس الدولة وممثلي 18 دولة عربية وجامعة الدول العربية. وأجرى الجانبان المناقشات المعمقة حول "التقارب الحضاري

كمدخل للتواصل والتعايش السلمي" و"احترام الثقافات وترسيخ الأخوة الإنسانية واحترام الهوية الوطنية" و"الحوار الحضاري قوة لتقدم وازدهار المجتمع البشري" و"الدعوة للسلم والحوار كأساس في ترسيخ السلام والاستقرار".

في يوم 25 أكتوبر، عقدت الدورة الرابعة من منتدى التعاون الصيني العربي لنظام بيدو للملاحة بالأقمار الاصطناعية في الإسكندرية بمصر. وشارك فيه الممثلون عن وزارة الخارجية الصينية واللجنة الوطنية الإصلاح والتنمية وجامعة الدول العربية والمسؤولون عن النقل في الدول العربية. وتبادل الجانبان وجهات النظر بشكل معمق حول تطبيق نظام بيدو في مجالات النقل وأمن النفط والغاز وبناء السكك الحديدية.

في يوم 30 نوفمبر، عقدت الدورة الأولى لمنتدى تنمية الشباب الصيني العربي في مدينة هايكو بمقاطعة هاينان، الصين، تحت شعار "تعزيز الشراكة بين شباب الصين والدول العربية وتعزيز بناء الاقتصاد العالمي المفتوح". وحضر المنتدى أكثر من 200 شخص، بمن فيهم السفراء والدبلوماسيون من 22 دولة عربية لدى الصين والممثلون للشباب الصيني والعربي في كافة الأوساط. وأجرى الجانبان المناقشات المعمقة حول "الأمن الغذائي والإنتاج" و"الابتكار العلمي والتكنولوجي يدفع التنمية الخضراء".

خلال الفترة من 5 إلى 6 ديسمبر، عقدت الدورة الخامسة لاجتماع الخبراء الصينيين والعرب في مجال المكتبات والمعلومات في العاصمة السعودية الرياض، تحت شعار "تحول خدمات المكتبات في ظل تغير بيئة المعلومات"، وشارك فيه نحو 40 مديرا وخبيرا ومسؤولا من 12 جهازا صينيا و10 دول عربية والأمانة العامة للجامعة العربية. وتبادل الجانبان وجهات النظر بشكل معمق حول "مهمة المكتبات والتعاون والتنمية في مجال المعلومات في الوقت الحاضر".

بين يومي 9 و11 ديسمبر، عقدت الدورة السادسة لملتقى التعاون الصيني العربي في مجال الإذاعة والتلفزيون في مدينة هانغتشو، الصين، تحت شعار "تعزيز الصداقة الصينية العربية والاستفادة المشتركة من تطور الصناعة المرئية والمسموعة". وشارك فيه أكثر من 300 شخص، بمن فيهم الممثلون من الأجهزة المسؤولة عن الإذاعة والتلفزيون ووسائل الإعلام وشركات الصناعات المرئية والمسموعة من الصين و15 دولة عربية، والممثلون من الجامعة العربية واتحاد إذاعات الدول العربية. وتبنى الملتقى "إعلان الدورة السادسة لملتقى التعاون الصيني العربي في مجال الإذاعة والتلفزيون".

عام 2024

في يوم 14 يناير، التقى عضو المكتب السياسي للجنة المركزية للحزب الشيوعي الصيني وزير الخارجية وانغ يي مع الأمين العام لجامعة الدول العربية أحمد أبو الغيط في القاهرة. وقال وانغ يي إنه في القمة الصينية العربية الأولى، توصل الرئيس الصيني شي جينبينغ والقادة العرب إلى توافقات مهمة، مما أرشد العلاقات الصينية العربية إلى أفضل مراحلها في التاريخ. على مدى سنة ونيف، عمل الجانبان بخطوات ثابتة على تنفيذ نتائج القمة. يصادف عام 2024 الذكرى الـ20 لتأسيس منتدى التعاون الصيني العربي، خلال العقدين الماضيين، قدم المنتدى مساهمة مهمة في تعزيز العلاقات الصينية العربية، وأصبح "العلامة الذهبية" للتعاون الجماعي الصيني العربي. ومن المزمع أن تعقد الدورة العاشرة للاجتماع الوزاري للمنتدى في الصين في غضون هذا العام، وتحرص الصين على تعزيز التواصل والتنسيق مع الجانب العربي لحسن تحضير هذا الاجتماع، بما يفتح مشهدا جديدا ويضخ قوة دافعة جديدة للعلاقات الصينية العربية. وتدعم الصين دور أكبر للجامعة العربية في تدعيم السلام والاستقرار في المنطقة والعالم، مستعدة للعمل مع الجانب العربي على إقامة المجتمع الصيني العربي للمستقبل المشترك. من جانبه، قال أحمد أبو الغيط إن القمة الصينية العربية الأولى تكتسب أهمية كبيرة، ولقيت بتجاوب إيجابي. سيواصل الجانب العربي في تنفيذ نتائج القمة والتوافقات المهمة بين القادة، وانتهاز فرصة الاجتماع الوزاري المرتقب، لتعميق التعاون في كافة المجالات. وتدعم الجامعة العربية بثبات مبدأ الصين الواحدة، وتدعم "دولة واحدة ونظامان"، وترفض "المعايير المزدوجة" في قضية حقوق الإنسان والقضايا المتعلقة بشينجيانغ، وترفض التدخل في الشؤون الداخلية للصين. نقدر عاليا موقف الصين العادل من القضية الفلسطينية، ومساهمتها الكبيرة في وقف إطلاق النار وتهدئة الوضع وحماية المدنيين، ونثق بأن الصين ستلعب دورا لا غنى عنه في

المستقبل. عقب المحادثات، وقع الجانبان على وثيقة التعاون بين وزارة الخارجية الصينية والأمانة العامة لجامعة الدول العربية بشأن إقامة رابطة المراكز الفكرية الصينية العربية، وأصدرا البيان المشترك حول الصراع الفلسطيني الإسرائيلي.

الملحق

قائمة الوثائق والكلمات المهمة في إطار منتدى التعاون الصيني العربي

- "البيان المشترك بشأن تأسيس منتدى التعاون الصيني العربي" (يوم 30 يناير عام 2004)

- "إعلان منتدى التعاون الصيني العربي" (يوم 14 سبتمبر عام 2004)

- "البرنامج التنفيذي لمنتدى التعاون الصيني العربي" (يوم 14 سبتمبر عام 2004)

- "البيان الصحفي للدورة الأولى للاجتماع الوزاري لمنتدى التعاون الصيني العربي" (يوم 14 سبتمبر عام 2004)

- "محضر الاجتماع" للدورة الثانية لاجتماع كبار المسؤولين لمنتدى التعاون الصيني العربي (يوم 14 - 15 يونيو عام 2005)

- "التقرير الختامي" للدورة الأولى لندوة العلاقات الصينية العربية والحوار بين الحضارتين الصينية والعربية (12 - 13 ديسمبر عام 2005)

- "البيان المشترك للدورة الثانية للاجتماع الوزاري لمنتدى التعاون الصيني العربي" (31 مايو - 1 يونيو عام 2006)

- "البرنامج التنفيذي لمنتدى التعاون الصيني العربي بين عامي 2006 - 2008" (31 مايو - 1 يونيو عام 2006)

- "البيان المشترك بين جمهورية الصين الشعبية وجامعة الدول العربية بشأن التعاون في مجال حماية البيئة" (31 مايو - 1 يونيو عام 2006)

- "مذكرة تفاهم بشأن إنشاء آلية مؤتمر رجال الأعمال الصينيين والعرب للمنتدى" (31 مايو - 1 يونيو عام 2006)

- "إعلان الصداقة بين الشعبين الصيني والعربي" للدورة الأولى لمؤتمر الصداقة الصينية العربية (28 - 29 نوفمبر عام 2006)

- "إعلان عمان" للدورة الثانية لمؤتمر رجال الأعمال لمنتدى التعاون الصيني العربي (18 - 19 يونيو عام 2007)

- "الوثيقة الختامية" للدورة الرابعة لاجتماع كبار المسؤولين لمنتدى التعاون الصيني العربي (4 - 5 يوليو عام 2007)

- "التقرير الختامي" للدورة الثانية لندوة العلاقات الصينية العربية والحوار بين الحضارتين الصينية والعربية (1 - 3 ديسمبر عام 2007)

- "البيان المشترك للدورة الأولى لمؤتمر التعاون الصيني العربي في مجال الطاقة" (9 - 11 يناير عام 2008)

- "البيان المشترك لندوة التعاون الصيني العربي في مجال الإعلام" للدورة الأولى لندوة التعاون الصيني العربي في مجال الإعلام (23 - 24 إبريل عام 2008)

- "مذكرة تفاهم بشأن التعاون والتواصل الإعلامي الودي بين الصين والدول الأعضاء لجامعة الدول العربية"(23 - 24 إبريل عام 2008)

- "البيان المشترك للدورة الثالثة للاجتماع الوزاري" (21 - 22 مايو عام 2008)

- "البرنامج التنفيذي لمنتدى التعاون الصيني العربي بين عامي 2008 - 2010" (21 - 22 مايو عام 2008)

- "البرنامج التنفيذي بشأن التعاون في مجال حماية البيئة بين جمهورية الصين الشعبية وجامعة الدول العربية" (21 - 22 مايو عام 2008)

- "مذكرة تفاهم بين المجلس الصيني لتنمية التجارة الدولية والأمانة العامة لجامعة الدول العربية بشأن إنشاء آلية ندوة الاستثمارات" (21 - 22 مايو عام 2008)

- "الخطة التنفيذية للتواصل الشعبي الصيني العربي 2008 - 2010" للدورة الثانية لمؤتمر الصداقة الصينية العربية (28 - 29 أكتوبر عام 2008)

- "البيان الصحفي للدورة الثانية لمؤتمر الصداقة الصينية العربية "(28 - 29 أكتوبر عام 2008)

- "محضر المؤتمر للدورة الثالثة لمؤتمر رجال الأعمال والدورة الأولى لندوة الاستثمارات لمنتدى التعاون الصيني العربي" (21 - 22 إبريل عام 2009)

- "الوثيقة الختامية للدورة الثالثة لندوة العلاقات الصينية العربية والحوار بين الحضارتين الصينية والعربية" (11 - 12 مايو عام 2009)

- "الوثيقة الختامية للدورة السادسة لاجتماع كبار المسؤولين لمنتدى التعاون الصيني العربي" (23 - 24 يونيو عام 2009)

- "احترام تنوع الحضارات" (الخطاب المهم لرئيس مجلس الدولة الصيني ون جياباو خلال زيارة مقر الجامعة العربية، يوم 7 نوفمبر عام 2009)

- "مذكرة تفاهم بين جامعة الدول العربية والهيئة الوطنية الصينية للطاقة بشأن آلية التعاون العربي الصيني في مجال الطاقة "(من 26 إلى 28 يناير عام 2010)

- "البيان الختامي للدورة الثانية لمؤتمر التعاون الصيني العربي في مجال الطاقة"(من 26 إلى 28 يناير عام 2010)

- "البيان المشترك للدورة الثانية لندوة التعاون العربي الصيني في مجال الإعلام"(من 6 إلى 7 مايو عام 2010)

- "تعزيز التعاون الشامل وتحقيق التنمية المشتركة" (كلمة رئيس مجلس الدولة الصيني ون جياباو في الجلسة الافتتاحية للدورة الرابعة للاجتماع الوزاري لمنتدى التعاون الصيني العربي، يوم 13 مايو عام 2010)

- "إعلان تيانجين لمنتدى التعاون الصيني العربي بشأن إقامة علاقات التعاون الاستراتيجي بين الصين والدول العربية" (من 13 إلى 14 مايو عام 2010)

- "البيان الختامي للدورة الرابعة للاجتماع الوزاري لمنتدى التعاون الصيني العربي" (من 13 إلى 14 مايو عام 2010)

- "البرنامج التنفيذي لمنتدى التعاون الصيني العربي بين عامي 2010 - 2012"(من 13 إلى 14 مايو عام 2010)

- "البيان الصحفي المشترك" للدورة الثالثة لمؤتمر الصداقة الصينية العربية (من 23 إلى 26 أكتوبر عام 2010)

- "خطة العمل للتواصل الشعبي بين الصين والدول العربية بين عامي 2010 - 2012" للدورة الثالثة لمؤتمر الصداقة الصينية العربية (من 23 إلى 26 أكتوبر عام 2010)

- "الوثيقة الختامية" للدورة الثامنة لاجتماع كبار المسؤولين لمنتدى التعاون الصيني العربي (من 22 إلى 23 مايو عام 2011)

- "إعلان ينتشوان لملتقى التعاون الصيني العربي في مجال الإذاعة والتلفزيون"(يوم 22 سبتمبر عام 2011)

- "التقرير الختامي" للدورة الرابعة لندوة العلاقات الصينية العربية والحوار بين الحضارتين الصينية والعربية (من 27 إلى 28 ديسمبر عام 2011)

- "تضافر الجهود لخلق مستقبل مشرق للتعاون الصيني العربي"(كلمة رئيس مجلس الدولة الصيني ون جياباو في الدورة الرابعة لمؤتمر رجال الأعمال وندوة الاستثمارات لمنتدى التعاون الصيني العربي، يوم 18 يناير عام 2012)

- "البيان المشترك للدورة الثالثة لندوة التعاون الصيني العربي في مجال الإعلام"(من 24 إلى 25 ابريل عام 2012)

- "البيان المشترك للدورة الخامسة للاجتماع الــوزاري لمنتدى التعاون العربي الصيني"(يوم 31 مايو عام 2012)

- "البرنامج التنفيذي لمنتدى التعاون العربي الصيني بين عامي 2012 - 2014"(يوم 31 مايو عام 2012)

- "البيان الصحفي المشترك للدورة الرابعة لمؤتمر الصداقة الصينية العربية"(من 13 إلى 14 سبتمبر عام 2012)

- "خطة العمل للتواصل الشعبي بين الصين والدول العربية بين عامي 2012 - 2014" للدورة الرابعة لمؤتمر الصداقة الصينية العربية (من 13 إلى 14 سبتمبر عام 2012)

- "البيان المشترك" للدورة الثالثة لمؤتمر التعاون الصيني العربي في مجال الطاقة (من 16 إلى 17 سبتمبر عام 2012)

- توصيات الدورة العاشرة لاجتماع كبار المسؤولين لمنتدى التعاون الصيني العربي (يوم 29 مايو عام 2013)

- البيان الختامي للدورة الخامسة لندوة العلاقات الصينية العربية والحوار بين الحضارتين الصينية والعربية لمنتدى التعاون الصيني العربي (يومي 27 - 28 يونيو عام 2013)

- محضر ملتقى التعاون الصيني العربي في مجال الإذاعة والتلفزيون عام 2013 (يومي 13 - 16 سبتمبر عام 2013)

- محضر الدورة الخامسة لمؤتمر رجال الأعمال والدورة الثالثة لندوة الاستثمارات لمنتدى التعاون الصيني العربي (يوم 9 ديسمبر عام 2013)

- **"تكريس روح طريق الحرير، تعميق التعاون الصيني العربي" (كلمة الرئيس الصيني شي جينبينغ في الجلسة الافتتاحية للدورة السادسة من الاجتماع الوزاري لمنتدى التعاون الصيني العربي، يوم 5 يونيو عام 2014**

- " إعلان بجين للدورة السادسة للاجتماع الوزاري لمنتدى التعاون العربي الصيني" (يوم 5 يونيو عام 2014)

- "الخطة التنموية العشرية لمنتدى التعاون الصيني العربي خلال الفترة 2014 - 2024" (يوم 5 يونيو عام 2014)

- "البرنامج التنفيذي لمنتدى التعاون الصيني العربي خلال الفترة 2014 - 2016" (يوم 5 يونيو عام 2014)

- "إعلان الدورة الأولى لملتقى المدن الصينية والعربية" (يومي 17 - 18 يونيو عام 2014)

- **رسالة التهنئة من الرئيس الصيني شي جينبينغ لحفل الافتتاح لعام الصداقة الصينية العربية والدورة الثالثة لمهرجان الفنون العربية (يوم 10 سبتمبر عام 2014)**

- "الوثيقة الختامية" للدورة الثانية عشرة لاجتماع كبار المسؤولين لمنتدى التعاون الصيني العربي (يوم 10 يونيو عام 2015)

- "إعلان ينتشوان" للدورة الأولى لمنتدى التعاون الصيني العربي في مجال الصحة (يوم 11 سبتمبر عام 2015)

- "التقرير الختامي" للدورة السادسة لندوة العلاقات الصينية العربية والحوار بين الحضارتين العربية والصينية (10 - 11 نوفمبر عام 2015)

- **"التشارك في خلق مستقبل أفضل للعلاقات الصينية العربية" (الكلمة الهامة للرئيس الصيني شي جينبينغ خلال زيارته لمقر جامعة الدول العربية، يوم 21 يناير عام 2016)**

- **رسالة التهنئة من الرئيس الصيني شي جينبينغ إلى الاجتماع الوزاري السابع لمنتدى التعاون الصيني العربي (يوم 12 مايو عام 2016)**

- "إعلان الدوحة للاجتماع الوزاري السابع لمنتدى التعاون الصيني العربي" (يوم 12 مايو عام 2016)

- "البرنامج التنفيذي لمنتدى التعاون الصيني العربي 2016 - 2018 " (يوم 12 مايو عام

(2016

- "البيان الختامي" للدورة الخامسة من مؤتمر التعاون الصيني العربي في مجال الطاقة (يوم 25 أكتوبر عام 2016)

- الوثيقة الختامية للدورة الرابعة عشرة لاجتماع كبار المسؤولين لمنتدى التعاون الصيني العربي (يوم 22 و 23 مايو عام 2017)

- "بيان الدورة الأولى لمؤتمر التعاون الصيني العربي للملاحة بالأقمار الاصطناعية (بيدو)"(يوم 24 مايو عام 2017)

- "التقرير النهائي" للدورة السابعة لندوة العلاقات الصينية العربية والحوار بين الحضارتين الصينية والعربية (يومي 15 و16 أغسطس عام 2017)

- "إعلان ينتشوان" للدورة السابعة لاجتماع رجال الأعمال لمنتدى التعاون الصيني العربي والندوة الخامسة للاستثمار (من يوم 6 إلى 9 سبتمبر عام 2017)

- "إعلان الدورة الخامسة لمؤتمر الصداقة الصينية العربية"(يومي 6 و 7 نوفمبر عام 2017)

- **"يدا بيد لدفع الشراكة الاستراتيجية الصينية العربية في العصر الجديد"(كلمة الرئيس الصيني شي جينبينغ في الجلسة الافتتاحية للاجتماع الوزاري الثامن لمنتدى التعاون الصيني العربي، يوم 10 يوليو عام 2018)**

- "إعلان بكين للدورة الثامنة للاجتماع الوزاري لمنتدى التعاون الصيني العربي"(يوم 10 يوليو عام 2018)

- "البرنامج التنفيذي لمنتدى التعاون الصيني العربي 2018 - 2020 "(يوم 10 يوليو عام 2018)

- "الإعلان التنفيذي الصيني العربي الخاص ببناء الحزام والطريق" (يوم 10 يوليو عام 2018)

- **رسالة التهنئة من الرئيس الصيني شي جينبينغ إلى الحفل الختامي للدورة الرابعة لمهرجان الفنون العربية (يوم 25 أكتوبر عام 2018)**

- **رسالة التهنئة من الرئيس الصيني شي جينبينغ إلى الدورة الـ30 لاجتماع مجلس جامعة الدول العربية على مستوى القمة (يوم 31 مارس عام 2019)**

- البيان المشترك للدورة الثانية لمنتدى التعاون العربي الصيني لنظام بيدو للملاحة

بالأقمار الاصطناعية (بين يومي 1 و2 إبريل عام 2019)

- وثيقة نتيجة التقييم والاختبار لنظام "بيدو" في المنطقة العربية (بين يومي 1 و2 إبريل عام 2019)

- "إعلان تونس" للدورة الثامنة لمؤتمر رجال الأعمال الصينيين والعرب والدورة السادسة لندوة الاستثمار (بين يومي 2 و3 إبريل عام 2019)

- الوثيقة الختامية للدورة السادسة عشرة لاجتماع كبار المسؤولين لمنتدى التعاون الصيني العربي (يوم 18 يونيو عام 2019)

- "مبادرة بكين للتعاون الصيني العربي في مجال الصحة لعام 2019" (يوم 16 أغسطس عام 2019)

- **رسالة التهنئة من الرئيس الصيني شي جينبينغ إلى الدورة الرابعة لملتقى التعاون الصيني العربي في مجال الإذاعة والتلفزيون (يوم 17 أكتوبر عام 2019)**

- "إعلان هانغتشو لملتقى التعاون الصيني العربي في مجال الإذاعة والتلفزيون (يوم 17 أكتوبر عام 2019)

- "التقرير الختامي" للدورة الثامنة لندوة العلاقات الصينية العربية والحوار بين الحضارتين الصينية والعربية لمنتدى التعاون الصيني العربي (بين يومي 17 و18 ديسمبر عام 2019)

- **رسالة التهنئة من الرئيس الصيني شي جينبينغ إلى الاجتماع الوزاري التاسع لمنتدى التعاون الصيني العربي (يوم 6 يوليو عام 2020)**

- "البيان المشترك لتضامن الصين والدول العربية في مكافحة جائحة كورونا" (يوم 6 يوليو عام 2020)

- "إعلان عمّان للدورة التاسعة للاجتماع الوزاري لمنتدى التعاون الصيني العربي" (يوم 6 يوليو عام 2020)

- "البرنامج التنفيذي لمنتدى التعاون الصيني العربي بين عامي 2020 - 2022" (يوم 6 يوليو عام 2020)

- "البيان الختامي للدورة الرابعة من ندوة التعاون الصيني العربي في مجال الإعلام" (يوم 24 نوفمبر عام 2020)

- "البيان المشترك بين وزارة الخارجية لجمهورية الصين الشعبية والأمانة العامة لجامعة

الدول العربية" (يوم 18 يوليو عام 2021)

- البيان الختامي للدورة الرابعة لاجتماع الخبراء الصينيين والعرب في مجال المكتبات والمعلومات (يوم 1 سبتمبر عام 2021)
- "التقرير الختامي" للدورة التاسعة لندوة العلاقات الصينية العربية والحوار بين الحضارتين الصينية والعربية (يوم 14 سبتمبر عام 2021)
- "البيان المشترك للدورة الخامسة لملتقى التعاون العربي الصيني في مجال الإذاعة والتلفزيون (يوم 6 ديسمبر عام 2021)
- "خطة العمل للتعاون الصيني العربي في مجال الملاحة بالأقمار الاصطناعية (2022 - 2023) (يوم 8 ديسمبر عام 2021)
- "خطاب النوايا للتعاون في مجال خدمات البحث والإنقاذ والاختبارات المشتركة لنظام بيدو" (يوم 8 ديسمبر عام 2021)
- نتيجة الاختبار والتقييم لنظام بيدو من الجانبين الصيني والعربي (يوم 8 ديسمبر عام 2021)
- **رسالة التهنئة من الرئيس الصيني شي جينبينغ إلى الدورة الـ31 لاجتماع مجلس للجامعة الدول العربية على مستوى القمة (يوم 1 نوفمبر عام 2022)**
- "إعلان الدورة الثالثة لمنتدى المدن الصينية العربية" (يوم 30 نوفمبر عام 2022)
- **مقالة موقعة للرئيس الصيني شي جينبينغ بعنوان "توارث الصداقة الممتدة لآلاف السنين والعمل سويا على خلق مستقبل جميل" في جريدة "الرياض" السعودية. (يوم 8 ديسمبر عام 2022)**
- **الكلمة الرئيسية للرئيس الصيني شي جينبينغ بعنوان "تكريس روح الصداقة الصينية العربية والعمل يدا بيد على بناء المجتمع الصيني العربي للمستقبل المشترك نحو العصر الجديد" في القمة الصينية العربية الأولى (يوم 9 ديسمبر عام 2022)**
- "إعلان الرياض للقمة الصينية العربية الأولى" (يوم 9 ديسمبر عام 2022)
- "الخطوط العريضة لخطة التعاون الشامل بين الصين والدول العربية" (يوم 9 ديسمبر عام 2022)
- "الوثيقة بشأن تعميق الشراكة الاستراتيجية الصينية العربية من أجل السلام والتنمية" (يوم 9 ديسمبر عام 2022)

- رسالة التهنئة من الرئيس الصيني شي جينبينغ إلى الدورة الخامسة لمهرجان الفنون العربية (يومي 19 - 20 ديسمبر عام 2022)

- رسالة التهنئة من الرئيس الصيني شي جينبينغ إلى الدورة الـ32 لاجتماع مجلس جامعة الدول العربية على مستوى القمة (يوم 19 مايو عام 2023)

- "الاستعراض والاستشراف للتعاون الصيني العربي في مجال الطاقة" (يومي 19 - 21 سبتمبر عام 2023)

- "البيان الختامي للدورة السابعة لمؤتمر التعاون الصيني العربي في مجال الطاقة" (يومي 19 - 21 سبتمبر عام 2023)

- "إعلان الدورة السادسة لملتقى التعاون الصيني العربي في مجال الإذاعة والتلفزيون" (يوم 10 ديسمبر عام 2023)

- وثيقة التعاون بشأن إنشاء رابطة المراكز الفكرية الصينية العربية بين وزارة الخارجية الصينية والأمانة العامة لجامعة الدول العربية (يوم 14 يناير عام 2024)

- البيان المشترك بين وزارة الخارجية الصينية والأمانة العامة لجامعة الدول العربية بشأن الصراع الفلسطيني الإسرائيلي (يوم 14 يناير عام 2024)

الجدول

قائمة الأنشطة الآلية الـ19 في إطار منتدى التعاون الصيني العربي

الرقم	اسم الفعليات	التاريخ	المكان
1	الدورة الأولى للاجتماع الوزاري لمنتدى التعاون الصيني العربي	14 سبتمبر 2004	القاهرة - مصر
	الدورة الثانية للاجتماع الوزاري لمنتدى التعاون الصيني العربي	31 مايو - 1 يونيو 2006	بكين - الصين
	الدورة الثالثة للاجتماع الوزاري لمنتدى التعاون الصيني العربي	21 - 22 مايو 2008	المنامة - البحرين
	الدورة الرابعة للاجتماع الوزاري لمنتدى التعاون الصيني العربي	13 - 14 مايو 2010	تيانجين - الصين
	الدورة الخامسة للاجتماع الوزاري لمنتدى التعاون الصيني العربي	31 مايو 2012	الحمامات - تونس
	الدورة السادسة للاجتماع الوزاري لمنتدى التعاون الصيني العربي	5 يونيو 2014	بكين - الصين
	الدورة السابعة للاجتماع الوزاري لمنتدى التعاون الصيني العربي	12 مايو 2016	الدوحة - قطر
	الدورة الثامنة للاجتماع الوزاري لمنتدى التعاون الصيني العربي	10 يوليو 2018	بكين - الصين
	الدورة التاسعة للاجتماع الوزاري لمنتدى التعاون الصيني العربي	6 يوليو 2020	الندوة الافتراضية
2	الدورة الأولى لاجتماع كبار المسؤولين	13 سبتمبر 2004	القاهرة - مصر
	الدورة الثانية لاجتماع كبار المسؤولين	14 - 15 يونيو 2005	بكين - الصين
	الدورة الثالثة لاجتماع كبار المسؤولين	29 مايو 2006	بكين - الصين
	الدورة الرابعة لاجتماع كبار المسؤولين	4 - 5 يوليو 2007	القاهرة - مصر
	الدورة الخامسة لاجتماع كبار المسؤولين	20 مايو 2008	المنامة - البحرين

تابع للجدول

الرقم	اسم الفعليات	التاريخ	المكان
	الدورة السادسة لاجتماع كبار المسؤولين لمنتدى التعاون الصيني العربي	23 - 24 يونيو 2009	بكين - الصين
	الدورة السابعة لاجتماع كبار المسؤولين لمنتدى التعاون الصيني العربي	11 مايو 2010	بكين - الصين
	الدورة الثامنة لاجتماع كبار المسؤولين لمنتدى التعاون الصيني العربي	22 - 23 مايو 2011	الدوحة - قطر
	الدورة التاسعة لاجتماع كبار المسؤولين لمنتدى التعاون الصيني العربي	29 - 30 مايو 2012	الحمامات - تونس
	الدورة العاشرة لاجتماع كبار المسؤولين لمنتدى التعاون الصيني العربي	29 مايو 2013	بكين - الصين
	الدورة الحادية عشرة لاجتماع كبار المسؤولين لمنتدى التعاون الصيني العربي	4 يونيو 2014	بكين - الصين
2	الدورة الثانية عشرة لاجتماع كبار المسؤولين لمنتدى التعاون الصيني العربي	10 يونيو 2015	القاهرة - مصر
	الدورة الثالثة عشرة لاجتماع كبار المسؤولين لمنتدى التعاون الصيني العربي	11 مايو 2016	الدوحة - قطر
	الدورة الرابعة عشرة لاجتماع كبار المسؤولين لمنتدى التعاون الصيني العربي	22 - 23 مايو 2017	بكين - الصين
	الدورة الخامسة عشرة لاجتماع كبار المسؤولين لمنتدى التعاون الصيني العربي	9 يوليو 2018	بكين - الصين
	الدورة السادسة عشرة لاجتماع كبار المسؤولين لمنتدى التعاون الصيني العربي	18 يونيو 2019	أبو ظبي - الإمارات
	الدورة السابعة عشرة لاجتماع كبار المسؤولين لمنتدى التعاون الصيني العربي	22 يونيو 2021	الندوة الافتراضية
	الدورة الثامنة عشرة لاجتماع كبار المسؤولين لمنتدى التعاون الصيني العربي	29 مايو 2023	تشنغدو - سيتشوان - الصين
	الدورة الأولى للحوار السياسي الاستراتيجي على مستوى كبار المسؤولين لمنتدى التعاون الصيني العربي	9 يونيو 2015	القاهرة - مصر
3	الدورة الثانية للحوار السياسي الاستراتيجي على مستوى كبار المسؤولين لمنتدى التعاون الصيني العربي	11 مايو 2016	الدوحة - قطر
	الدورة الثالثة للحوار السياسي الاستراتيجي على مستوى كبار المسؤولين لمنتدى التعاون الصيني العربي	22 مايو 2017	بكين - الصين

تابع للجدول

الرقم	اسم الفعليات	التاريخ	المكان
3	الدورة الرابعة للحوار السياسي الاستراتيجي على مستوى كبار المسؤولين لمنتدى التعاون الصيني العربي	9 يوليو 2018	بكين - الصين
	الدورة الخامسة للحوار السياسي الاستراتيجي على مستوى كبار المسؤولين لمنتدى التعاون الصيني العربي	18 يونيو 2019	أبو ظبي - الإمارات
	الدورة السادسة للحوار السياسي الاستراتيجي على مستوى كبار المسؤولين لمنتدى التعاون الصيني العربي	22 يونيو 2021	الندوة الافتراضية
	الدورة السابعة للحوار السياسي الاستراتيجي على مستوى كبار المسؤولين لمنتدى التعاون الصيني العربي	29 مايو 2023	تشنغدو - سيتشوان - الصين
4	الدورة الأولى لندوة العلاقات الصينية العربية والحوار بين الحضارتين الصينية والعربية	12 - 13 ديسمبر 2005	بكين - الصين
	الدورة الثانية لندوة العلاقات الصينية العربية والحوار بين الحضارتين الصينية والعربية	1 - 3 ديسمبر 2007	الرياض - السعودية
	الدورة الثالثة لندوة العلاقات الصينية العربية والحوار بين الحضارتين الصينية والعربية	11 - 12 مايو 2009	قرطاج - تونس
	الدورة الرابعة لندوة العلاقات الصينية العربية والحوار بين الحضارتين الصينية والعربية	27 - 28 ديسمبر 2011	أبو ظبي - الإمارات
	الدورة الخامسة لندوة العلاقات الصينية العربية والحوار بين الحضارتين الصينية والعربية	27 - 28 يونيو 2013	أورومتشي - شينجيانغ - الصين
	الدورة السادسة لندوة العلاقات الصينية العربية والحوار بين الحضارتين الصينية والعربية	10 - 11 نوفمبر 2015	الدوحة - قطر
	الدورة السابعة لندوة العلاقات الصينية العربية والحوار بين الحضارتين الصينية والعربية	15 - 16 أغسطس 2017	تشنغدو - سيتشوان - الصين
	الدورة الثامنة لندوة العلاقات الصينية العربية والحوار بين الحضارتين الصينية والعربية	17 - 18 ديسمبر 2019	الرباط - المغرب
	الدورة التاسعة لندوة العلاقات الصينية العربية والحوار بين الحضارتين الصينية والعربية	14 سبتمبر 2021	الندوة الافتراضية
	الدورة العاشرة لندوة العلاقات الصينية العربية والحوار بين الحضارتين الصينية والعربية	24 - 25 أكتوبر 2023	أبو ظبي - الإمارات
5	الدورة الأولى للمنتدى الصيني العربي للإصلاح والتنمية	23 أبريل 2018	بكين - الصين

تابع للجدول

الرقم	اسم الفعليات	التاريخ	المكان
5	الدورة الثانية للمنتدى الصيني العربي للإصلاح والتنمية	16 أبريل 2019	شانغهاي - الصين
	الدورة الثالثة للمنتدى الصيني العربي للإصلاح والتنمية	8 سبتمبر 2022	شانغهاي - الصين (حضوريا وافتراضيا)
	الدورة الرابعة للمنتدى الصيني العربي للإصلاح والتنمية	26 سبتمبر 2023	شانغهاي - الصين
6	الدورة الأولى لمؤتمر رجال الأعمال الصينيين والعرب لمنتدى التعاون الصيني العربي	12 - 13 أبريل 2005	بكين - الصين
	الدورة الثانية لمؤتمر رجال الأعمال لمنتدى التعاون الصيني العربي	18 - 19 يونيو 2007	عمان - الأردن
	الدورة الثالثة لمؤتمر رجال الأعمال الصينيين والعرب والدورة الأولى لندوة الاستثمارات لمنتدى التعاون الصيني العربي	21 - 22 أبريل 2009	هانغتشو - تشجيانغ - الصين
	الدورة الرابعة لمؤتمر رجال الأعمال الصينيين والعرب والدورة الثانية لندوة الاستثمارات لمنتدى التعاون الصيني العربي	18 يناير 2012	الشارقة - الإمارات
	الدورة الخامسة لمؤتمر رجال الأعمال الصينيين والعرب والدورة الثالثة لندوة الاستثمارات لمنتدى التعاون الصيني العربي	9 ديسمبر 2013	تشنغدو - سيتشوان - الصين
	الدورة السادسة لمؤتمر رجال الأعمال الصينيين والعرب والدورة الرابعة لندوة الاستثمارات لمنتدى التعاون الصيني العربي	26 مايو 2015	بيروت - لبنان
	الدورة السابعة لمؤتمر رجال الأعمال الصينيين والعرب والدورة الخامسة لندوة الاستثمارات لمنتدى التعاون الصيني العربي	6 - 9 سبتمبر 2017	ينتشوان- نينغشيا - الصين
	الدورة الثامنة لمؤتمر رجال الأعمال الصينيين والعرب والدورة السادسة لندوة الاستثمارات لمنتدى التعاون الصيني العربي	2 - 3 أبريل 2019	تونس- تونس
	الدورة التاسعة لمؤتمر رجال الأعمال الصينيين والعرب والدورة السابعة لندوة الاستثمارات لمنتدى التعاون الصيني العربي	6 أبريل 2021	بكين - الصين
	الدورة العاشرة لمؤتمر رجال الأعمال الصينيين والعرب والدورة الثامنة لندوة الاستثمارات لمنتدى التعاون الصيني العربي	11 - 12 يونيو 2023	الرياض - السعودية

تابع للجدول

الرقم	اسم الفعليات	التاريخ	المكان
7	الدورة الأولى لمؤتمر التعاون الصيني العربي في مجال الطاقة	9 - 11 يناير 2008	سانيا - هاينان - الصين
	الدورة الثانية لمؤتمر التعاون الصيني العربي في مجال الطاقة	26 - 28 يناير 2010	الخرطوم - السودان
	الدورة الثالثة لمؤتمر التعاون الصيني العربي في مجال الطاقة	16 - 17 سبتمبر 2012	ينتشوان - نينغشيا - الصين
	الدورة الرابعة لمؤتمر التعاون الصيني العربي في مجال الطاقة	17 - 21 نوفمبر 2014	الرياض - السعودية
	الدورة الخامسة لمؤتمر التعاون الصيني العربي في مجال الطاقة	25 - 26 أكتوبر 2016	بكين - الصين
	الدورة السادسة لمؤتمر التعاون الصيني العربي في مجال الطاقة	5 - 8 نوفمبر 2018	القاهرة - مصر
	الدورة السابعة لمؤتمر التعاون الصيني العربي في مجال الطاقة	19 - 21 سبتمبر 2023	هايكو - هاينان - الصين
8	الدورة الأولى لمهرجان الفنون العربية	23 يونيو - 13 يوليو 2006	بكين ونانجينغ - الصين
	الدورة الأولى لمهرجان الفنون الصينية	أبريل - يونيو 2008	دمشق - سوريا
	الدورة الثانية لمهرجان الفنون العربية	18 - 25 يونيو 2010	بكين وشانغهاي - الصين
	الدورة الثانية لمهرجان الفنون الصينية	25 - 31 مارس 2012	المنامة - البحرين
	الدورة الثالثة لمهرجان الفنون العربية	شهر أعسطس- أكتوبر 2014	بكين، شيان بشنشي، ينتشوان بنينغشيا، تشيوانتشو بفوجيان - الصين
	الدورة الثالثة لمهرجان الفنون الصينية	3 - 7 أغسطس 2016	صفاقس - تونس
	الدورة الرابعة لمهرجان الفنون العربية	يوليو - أكتوبر 2018	تشنغدو - سيتشوان - الصين
	الدورة الخامسة لمهرجان الفنون العربية	19 - 20 ديسمبر 2022	جينغدتشن - جيانغشي - الصين
9	الدورة الأولى لندوة التعاون الصيني العربي في مجال الإعلام	23 - 24 أبريل 2008	بكين - الصين
	الدورة الثانية لندوة التعاون الصيني العربي في مجال الإعلام	6 - 7 مايو 2010	المنامة - البحرين
	الدورة الثالثة لندوة التعاون الصيني العربي في مجال الإعلام	24 - 25 أبريل 2012	قوانغتشو - قوانغدونغ - الصين
	الدورة الرابعة لندوة التعاون الصيني العربي في مجال الإعلام	24 نوفمبر 2020	الندوة الافتراضية

تابع للجدول

الرقم	اسم الفعليات	التاريخ	المكان
10	الدورة الأولى لمؤتمر الصداقة الصينية العربية	28 - 29 نوفمبر 2006	الخرطوم - السودان
	الدورة الثانية لمؤتمر الصداقة الصينية العربية	27 - 31 أكتوبر 2008	دمشق - سوريا
	الدورة الثالثة لمؤتمر الصداقة الصينية العربية	23 - 26 أكتوبر 2010	طرابلس - ليبيا
	الدورة الرابعة لمؤتمر الصداقة الصينية العربية	13 - 14 سبتمبر 2012	ينتشوان - نينغشيا - الصين
	الدورة الخامسة لمؤتمر الصداقة الصينية العربية	6 - 7 نوفمبر 2017	بكين - الصين
11	الدورة الأولى لملتقى المدن الصينية العربية	17 - 18 يونيو 2014	تشيوان تشو - فوجيان - الصين
	الدورة الثانية لملتقى المدن الصينية العربية	8 نوفمبر 2018	مراكش - المغرب
	الدورة الثالثة لملتقى المدن الصينية العربية	30 نوفمبر 2022	الندوة الافتراضية
12	الدورة الأولى لمنتدى التعاون الصيني العربي في مجال الملاحة عبر الأقمار الصناعية (بيدو)	24 مايو 2017	شانغهاي - الصين
	الدورة الثانية لمنتدى التعاون الصيني العربي في مجال الملاحة عبر الأقمار الصناعية (بيدو)	1 - 2 أبريل 2019	تونس - تونس
	الدورة الثالثة لمنتدى التعاون الصيني العربي في مجال الملاحة عبر الأقمار الصناعية (بيدو)	8 ديسمبر 2021	بكين - الصين (حضوريا وافتراضيا)
	الدورة الرابعة لمنتدى التعاون الصيني العربي في مجال الملاحة عبر الأقمار الصناعية (بيدو)	25 أكتوبر 2023	الإسكندرية - مصر
13	الدورة الأولى لمنتدى المرأة الصينية والعربية	28 أبريل 2015	أبو ظبي - الإمارات
	الدورة الثانية لمنتدى المرأة الصينية والعربية	19 سبتمبر 2017	بكين - الصين
	الدورة الثالثة لمنتدى المرأة الصينية والعربية	19 ديسمبر 2019	الرياض - السعودية
	الدورة الرابعة لمنتدى المرأة الصينية والعربية	21 يوليو 2022	بكين - الصين
14	الدورة الأولى لمنتدى التعاون الصيني العربي في مجال الصحة	11 سبتمبر 2015	ينتشوان - نينغشيا - الصين
	الدورة الثانية لمنتدى التعاون الصيني العربي في مجال الصحة	16 أغسطس 2019	بكين - الصين
15	الدورة الأولى لملتقى التعاون الصيني العربي في مجال الإذاعة والتلفزيون	20 - 24 سبتمبر 2011	ينتشوان - نينغشيا - الصين
	الدورة الثانية لملتقى التعاون الصيني العربي في مجال الإذاعة والتلفزيون	13 - 16 سبتمبر 2013	ينتشوان - نينغشيا - الصين
	الدورة الثالثة لملتقى التعاون الصيني العربي في مجال الإذاعة والتلفزيون	9 سبتمبر 2015	ينتشوان - نينغشيا - الصين
	الدورة الرابعة لملتقى التعاون الصيني العربي في مجال الإذاعة والتلفزيون	17 أكتوبر 2019	هانغتشو - تشجيانغ - الصين

تابع للجدول

الرقم	اسم الفعليات	التاريخ	المكان
15	الدورة الخامسة لملتقى التعاون الصيني العربي في مجال الإذاعة والتلفزيون	6 ديسمبر 2021	بكين وهانغتشو - الصين (حضوريا وافتراضيا)
	الدورة السادسة لملتقى التعاون الصيني العربي في مجال الإذاعة والتلفزيون	9 - 11 ديسمبر 2023	هانغتشو - تشجيانغ - الصين
16	الدورة الأولى لاجتماع الخبراء الصينيين والعرب في مجال المكتبات والمعلومات	29 أبريل 2015	القاهرة - مصر
	الدورة الثانية لاجتماع الخبراء الصينيين والعرب في مجال المكتبات والمعلومات	24 مايو 2017	بكين - الصين
	الدورة الثالثة لاجتماع الخبراء الصينيين والعرب في مجال المكتبات والمعلومات	11 يونيو 2019	مدينة الكويت - الكويت
	الدورة الرابعة لاجتماع الخبراء الصينيين والعرب في مجال المكتبات والمعلومات	1 سبتمبر 2021	هانغتشو - تشجيانغ - الصين (حضوريا وافتراضيا)
	الدورة الخامسة لاجتماع الخبراء الصينيين والعرب في مجال المكتبات والمعلومات	5 - 6 ديسمبر 2023	الرياض - السعودية
17	الدورة الأولى لمؤتمر التعاون الصيني العربي لنقل التكنولوجيا والإبداع	10 - 11 سبتمبر 2015	ينتشوان - نينغشيا - الصين
	الدورة الثانية لمؤتمر التعاون الصيني العربي لنقل التكنولوجيا والإبداع	6 - 7 سبتمبر 2017	ينتشوان - نينغشيا - الصين
	الدورة الثالثة لمؤتمر النعاون الصيبي العربي لنفل التكنولوجيا والإبداع	5 سبتمبر 2019	ينتشوان - نينغشيا - الصين
	الدورة الرابعة لمؤتمر التعاون الصيني العربي لنقل التكنولوجيا والإبداع	19 أغسطس 2021	ينتشوان - نينغشيا - الصين
	الدورة الخامسة لمؤتمر التعاون الصيني العربي لنقل التكنولوجيا والإبداع	21 سبتمبر 2023	ينتشوان - نينغشيا - الصين
18	منتدى الصين والدول العربية الأول للتنمية الشبابية	30 نوفمبر 2023	هايكو - هاينان - الصين
19	الرابطة الصينية العربية للمؤسسات الفكرية	14 يناير 2024	القاهرة - مصر